Ryoji Motomura,
ZOU JIMUSHO

微观世界史
名城篇

Global Microhistory
Famous Cities

[日] 神野正史 监修
[日] 造事务所 编著
姜秀秀 译

中国书籍出版社

图书在版编目（CIP）数据

微观世界史. 名城篇 / (日) 神野正史监修；日本造事务所编著；姜秀秀译. —— 北京：中国书籍出版社, 2024.1
ISBN 978-7-5068-9590-3

Ⅰ.①微… Ⅱ.①神…②日…③姜… Ⅲ.①世界史—通俗读物②城市—世界—普及读物 Ⅳ.①K109②K915-49

中国国家版本馆CIP数据核字(2023)第184448号

著作版权登记号/图字01-2023-4335

30 NO TOSHI KARA YOMU SEKAISHI written by Masafumi Jinno, ZOU JIMUSHO.
Copyright © 2019 by Masafumi Jinno,ZOU JIMUSHO.All rights reserved.
Originally published in Japan by Nikkei Publishing, Inc.(renamed Nikkei Business Publications, Inc.from April 1,2020)
Simplified Chinese translation rights arranged with Nikkei Business Publications, Inc.through Hanhe International(HK)Co.,Ltd.

微观世界史·名城篇

[日] 神野正史 监修　　[日] 造事务所 编著　姜秀秀 译

图书策划	成晓春　尹浩
责任编辑	成晓春
责任印制	孙马飞　马芝
封面设计	李润水
出版发行	中国书籍出版社
地　　址	北京市丰台区三路居路97号（邮编：100073）
电　　话	（010）52257143（总编室）　（010）52257140（发行部）
电子邮箱	eo@chinabp.com.cn
经　　销	全国新华书店
印　　刷	三河市富华印刷包装有限公司
开　　本	889毫米×1194毫米　1/32
字　　数	175千字
印　　张	7.125
版　　次	2024年1月第1版
印　　次	2024年1月第1次印刷
书　　号	ISBN 978-7-5068-9590-3
定　　价	48.00元

版权所有　翻印必究

前言 Preface

所谓学问，贵在持之以恒。应试结束后高呼"万岁，这下从学习中解放出来了！"便不再学习的话，那么从懂事开始就辛辛苦苦打下的基础便付之东流了。

因此，本书试图通过"世界主要城市的历史"这一切入点来学习世界史。这样您不必从第一页开始按照顺序阅读本书。

"名字虽然熟悉，这座城市到底经历了怎样的历史才变成现在的样子？"

"这次要去的那座城市的诞生有怎样的历史呢？"

"那些著名的文化遗产是如何建造起来的？"

从自己感兴趣的地方读起，不是"背诵"历史，而是"感受"历史，感受历史的趣味。

仅仅是驰想从未涉足的异乡城市的历史也是一种乐趣吧。

将来，如果有机会访问那座城市，你一定会惊讶于对这座城市完全不了解所看到的风景，和了解其历史之后看到的风景，竟有迥乎不同的印象和感动。

有时，即使看到建筑物上残留的"伤"，痕但对此一无所知的话，便只是单纯看到的"伤痕"，但也会有看到"伤痕"的瞬间，其历史背景在脑海中苏醒，以至泪流满面的时刻。

这便是体验人生的意义所在。

那么，让我们一起走进《微观世界史——名城篇》吧！

神野正史

目录 Contents

前言 / 001

巴比伦—Babylon / 001

耶路撒冷—Jerusalem / 009

雅典—Athens / 017

亚历山大—Alexandria / 025

特奥蒂瓦坎—Teatihuacan / 031

罗马—Rome / 035

君士坦丁堡—Constantinople / 043

长安—Changan / 051

巴格达—Baghdad / 061

京都—Kyoto / 069

撒马尔罕—Samarkand / 075

吴哥—Angkor / 081

突尼斯—Tunis / 085

北京—Beijing / 091

马六甲—Melaka / 099

莫斯科—Moscow / 103

伊斯法罕—Isfahan / 111

威尼斯—Venice / 117

德里—Delhi / 125

圣彼得堡—Saint Petersburg / 133

巴黎—Paris / 141

阿姆斯特丹—Amsterdam / 151

伦敦—London / 157

纽约—New York / 165

维也纳—Vienna / 173

里约热内卢—Rio de Janeiro / 181

悉尼—Sydney / 187

新加坡—Singapore / 193

上海—Shanghai / 201

迪拜—Dubai / 207

主要参考文献 / 213

名城篇 微观世界史

巴比伦—Babylon
《圣经》中亦留其名的古代交通要冲

　　应该有不少人都听过《旧约全书》中的"巴别塔"传说吧。传说中统治者为歌颂巴别城（巴比伦）的繁华，试图建造一座高可通天的巨塔。

　　实际上据推测，公元前6世纪的巴比伦圣殿石塔高约90米。数千年前，在如今已是一望无际的沙漠的美索不达米亚平原上，究竟上演着怎样的传奇呢？

现属国：伊拉克共和国
人口：—（现已不存在此城）

大河环绕的壮丽之都

用谷歌地图等看伊拉克的航拍，会发现其国土的大部分地区都是沙漠地带，但在幼发拉底河和底格里斯河的两河流域，却绵延着点点绿洲。位于两河流域的这一带，正是作为古代文明发祥地而举世闻名的美索不达米亚平原。

美索不达米亚平原是由两河上游携带的泥沙在下游沉积而形成的冲积平原。公元前5000年左右，人们开始在此聚居，从事畜牧和大麦小麦的栽培等生产活动；公元前3000年左右，苏美尔人在此定居，建立起乌尔、基什、拉加什等城邦。

不久，从叙利亚沙漠侵入美索不达米亚平原的阿摩利人势力抬头，取代了苏美尔人。公元前1900年左右，阿摩利人的一个支派以巴比伦为首都，建立了古巴比伦第一王朝（古巴比伦王国）。

"巴比伦"是希腊语历史书中的称呼，《旧约全书》称其为"巴别"，据说古代美索不达米亚一带使用的阿卡德语中称其为"巴比鲁"，意为"众神之门"。美索不达米亚的每个城邦都有其本土信仰，巴比伦信奉创造神马尔杜克。

公元前18世纪的汉谟拉比王时期，古巴比伦第一王朝基本上统一了美索不达米亚，迎来发展的鼎盛时期。汉谟拉比王致力于治水和灌溉工程，为农业和生活提供水源。当时的水路常被泥沙所堵塞，因此不仅是巴比伦，连周边的卫星城拉尔萨也有其下令疏浚河道的记录。灌溉设施的维修与王权的维系似乎有着密切的关系。

此外，汉谟拉比王还制定了共计282条的法典，这在后世作为"以眼还眼"的复仇法而闻名。但法典中还多涉及财产借

汉谟拉比法典

贷、商业买卖、王室财产管理、劳动者待遇、亲属关系等方面的内容。由此可见，巴比伦已形成了高度成熟的社会。

西起地中海，东至东亚各地，当时的美索不达米亚已拥有幅员辽阔的交易网。在古巴比伦第一王朝，产于印度、波斯的宝石类商品以及产于东南亚的香辛料等在市场上都有流通。

公元前16世纪，持有铁制武器的赫梯人从西北入侵，吞并了古巴比伦第一王朝。接着，从东方而来的卡西特人等各方势力入侵巴比伦，一段段盛衰兴亡的历史在巴比伦轮番上演。其后，公元前8世纪，亚述人掌握了赫梯人的冶铁技术，建立起横跨美索不达米亚和埃及的帝国。

公元前7世纪，巴比伦周边的迦勒底人试图从亚述帝国独立，但受到亚述王辛拿赫里布的镇压而失败，巴比伦灭国。但是，地方反乱此消彼长，致使亚述帝国逐渐走向衰落。公元前

625年,迦勒底人建立新巴比伦王国。

第二代王尼布甲尼撒二世创造了巴比伦发展的鼎盛时期。尼布甲尼撒二世入侵迦南（现在的耶路撒冷），将当地的犹太人掳往巴比伦,史称"巴比伦之囚"。因此,犹太教和基督教经典《旧约全书》里也有巴比伦（巴别）的相关记录。

两道城墙八扇城门

当时的巴比伦包含周边区域在内的市域总面积是1000公顷,据推测,在约500公顷的市内居住有将近10万人。巴比伦城位于底格里斯河的西部,幼发拉底河纵贯其城域,被北边长约54千米、南边长约50千米的城墙所包围。城墙的宽度可供四驾战斗马车并驾齐驱。传言巴比伦城有两道城墙八扇城门。流经城内的幼发拉底河上架有全长123米的琉璃砖砌成的桥。

王宫被内壁一分为南北两个区域,北王宫有城堡,有王座的南王宫是巴比伦王进行裁判的场所。南北王宫中间的伊什塔尔城门尤其壮丽精美,有高约30米的两重城门。

庶民的住宅大都是平房,但似乎也有不少3层或4层的建筑。普通家庭的建筑材料基本上都是由黏土固定成型晒干的砖,而王宫则使用上了釉的光泽亮丽的琉璃砖。

市场上已有食品、陶器和银制品等各类商品,但货币经济尚未普及,以一定量的银作为商品价值基准的物物交换仍是交易的主流形式。此外,巴比伦城遗址中还出土了大量记录有不动产买卖等内容的黏土版,由此可见,巴比伦城已存在广泛的经济活动。

王都巴比伦的构造

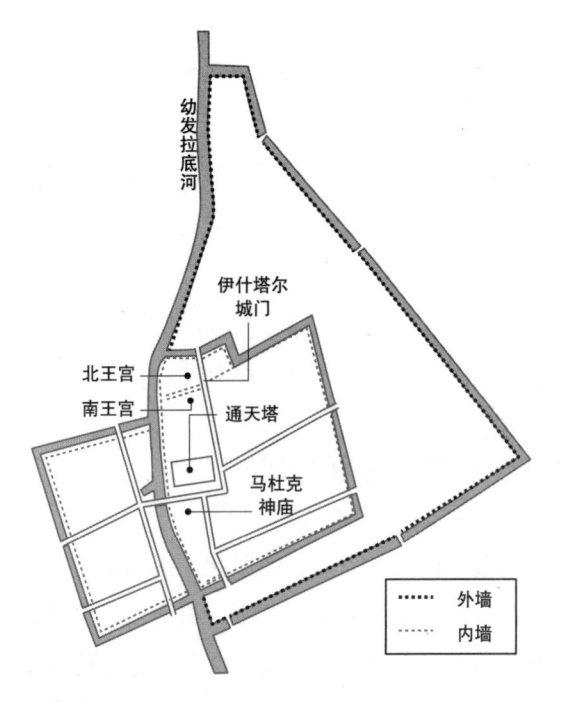

图片参考山川出版社《世界史利比特人003尼布甲尼撒二世》p79图制作；城市以沿河的南北王宫为中心建造

"巴比伦悬苑"之谜

巴比伦城中央有马尔杜克神庙，据推测，附属于马尔杜克神庙的通天塔有7层，高达90米。巴比伦人的信仰中认为宇宙从天到地分为很多层，并且视高层的通天塔为天地连接的象征。也有观点认为，此塔就是《旧约全书》中出现的"巴别塔"传说的原型。

传说尼布甲尼撒二世为其王妃米梯斯修建了被称为"巴比

伦悬苑"（空中花园）的回廊。回廊种植了大量树木，由宫殿的低处向高层汲水浇灌。在古代希腊，巴比伦"空中花园"与埃及大金字塔、罗德岛巨像等一起被列为"古代世界八大奇迹（八大景观）"。

但是，尽管在巴比伦有许多碑文都记载有尼布甲尼撒二世的土木建筑事业成就，却既没有相关的记录，也没有考古学的证据表明"空中花园"真实存在过。

因此，现在有一种比较有力的说法，即所谓的"空中花园"是建造于亚述帝国首都尼尼微的一座庭园。

殁于巴比伦的亚历山大大帝

尼布甲尼撒二世去世以后，新巴比伦王国被居鲁士二世率领的东方波斯阿契美尼德王朝所征服，成为巴比伦新国王的大流士之子薛西斯扩张王宫。公元前482年，巴比伦人反抗波斯阿契美尼德王朝，尼布甲尼撒二世建造的城墙、圣殿和通天塔遭到破坏，但是依然没有撼动巴比伦作为美索不达米亚首屈一指大都市的地位。

希腊史学家希罗多德也盛赞巴比伦是"世界上最壮丽的城市"。

公元前330年，马其顿国王亚历山大三世（亚历山大大帝）在东征归途中经过巴比伦，命令再建通天塔，但未见其完工便溘然长眠于此。

此后，底格里斯河沿岸的主要城市迁到北方的塞琉西亚等地，数百年间，巴比伦周边日益干燥并最终沙漠化。公元1世纪，罗马帝国学者老普林尼在其著作《自然史》中写道，巴比伦圣殿已湮没于断瓦残垣之中。人们离开时带走了城内的砖瓦等建筑材料，巴比伦城人迹终绝，大部分湮没于黄沙之中，在不知不觉间被人们遗忘。

《旧约全书》中有关巴别塔的传闻使世人普遍地对巴比伦人产生了一种骄傲自大的印象，在某些场合"Babylon"也被用于指"败坏与荒芜之地"。

19世纪以后，欧洲人开始对巴比伦遗迹进行正式的考古学调查。20世纪初，德国调查团发现了巴比伦城墙和马尔杜克遗迹，古巴比伦高度成熟的文明震惊世人。目前，伊拉克政府也致力于巴比伦遗迹的发掘，试图复原往日的巴比伦。

微观世界史
名城篇

耶路撒冷
——Jerusalem
镌刻苦难历史的圣地

耶路撒冷——现存世界大都市中一座历史特别悠久的城市。作为犹太教、基督教和伊斯兰教三教圣地而闻名退迩,但时至今日依然是饱经战乱纷争之地。

《旧约全书》中也详细记载了这座由古代犹太人建立的城市。其后,耶路撒冷分别处在巴比伦、波斯、罗马帝国和奥斯曼帝国的统治之下。

现属国:以色列国
人口:约92万人(截至2019年)

追溯至公元前的争端起源

2017年，时任美国总统特朗普为强调与以色列的友好关系，宣布将驻以色列美国大使馆从现地特拉维夫迁至耶路撒冷。此言一出，一石激起千层浪。以色列将耶路撒冷作为首都，但并没有得到国际社会的公认，各国的大使馆都设在西部的特拉维夫。1967年的第三次中东战争中以色列占领了属于邻国约旦的耶路撒冷东部地区，联合国认为这是"不当占领"。

围绕耶路撒冷的数次争端的起源最早可以追溯至公元前。巴勒斯坦地区在古代被称为"迦南"。这里是亚洲、非洲和欧洲三大洲交界处的交通要冲，地中海沿岸的多个民族在此混居，历来是争战之地。公元前7000年前后，人们在迦南地聚居从事农耕生产，其后迦南成为历代埃及王朝的势力圈。

约公元前13世纪，埃及统治下的希伯来人移居迦南。希伯来人是外国人对他们的称呼，他们自称为犹太人。根据犹太教和基督教经典《旧约全书》，耶和华神命先知摩西率领民众前往迦南地。

《旧约全书》中记载的圣殿

犹太人分为多个部族，部族间争斗不断，同时和居住在地中海沿岸的"海上民族"非利士人也偶有争端。公元前11世纪末，在征得其他部族同意的基础上，先知撒母耳膏立出身于便雅悯族的大能勇士扫罗为王，成立以色列王国。

传说中扫罗的继任者大卫是位投石击杀巨人歌利亚的英雄。大卫建都耶路撒冷，以色列王国迎来鼎盛时期。

耶路撒冷老城

耶路撒冷在古代的希伯来语中意为"和平之地"。其纬度大致与日本的鹿儿岛县相同，虽是干燥的沙漠气候，但到了冬天也会降雪。公元前 4000 年左右，耶路撒冷已有聚居部落，但因其位于海拔 800 米的高地，水源缺乏，不宜发展农耕，不太适合发展大都市。耶路撒冷东西为盆地，但北方没有抵御外敌入侵的有力屏障。大卫所建的城市（大卫城），位于现耶路撒冷城市东南部的外围。

公元前 10 世纪中叶左右，在大卫后继承王位的所罗门向耶路撒冷城市北部扩张并建城墙将其包围，在摩利亚山建造祭祀耶和华的圣殿（第一圣殿）。据《旧约全书》记载，圣殿长约 14 米、宽约 33 米、高约 15 米，放置着耶和华神在西奈山上赐给摩西的刻有戒命（十诫）的石板（约柜）。

波斯统治下圣殿的再建

所罗门去世以后，以色列王国部族之间争端再起。公元前928年左右，南部的犹大族和便雅悯族作为犹大王国独立出来。耶路撒冷为犹大王国的首都，以色列王国以北方的撒马利亚为首都。分裂后的两国时常受到埃及等周边大国的威胁。北方的以色列王国因耕地多而更加富庶，但是作为一个因民族信仰而建立起来的王国失去了建有圣殿的耶路撒冷而致民心涣散，公元前721年，以色列王国被西方的亚述帝国灭亡。

在犹大王国，大卫的子孙依然持续着神权政治，但是公元前586年，新巴比伦王国的尼布甲尼撒二世征服犹大王国。犹大王国圣殿和城市被毁，王族和祭司以及许多居民被掳往巴比伦，即"巴比伦之囚"。其后，波斯阿契美尼德王朝波斯帝国国王居鲁士二世灭新巴比伦王国，公元前538年允许犹太人返回巴比伦。掌握巴比伦以及波斯文化和技术的犹太人在耶路撒冷重建了圣殿（第二圣殿）。

波斯阿契美尼德王朝承认犹太人的信仰和自治，耶路撒冷以世袭祭司为中心进行统治。公元前4世纪，马其顿王国亚历山大三世（亚历山大大帝）入侵波斯，虽然犹太人支持波斯，但因马其顿军队由北方的黎巴嫩进军，耶路撒冷幸免于战火的荼毒。亚历山大去世后，其臣属托勒密建立托勒密王朝统治埃及和迦南，希腊文化渗透进耶路撒冷。

到了公元前2世纪，叙利亚的塞琉古王朝日益强盛，从托勒密王朝夺取了包括耶路撒冷一带的迦南地区。塞琉古王朝的安条克三世承认犹太人的自治，但其子安条克四世改变了政策，强行要求犹太人在耶路撒冷圣殿供奉希腊的宙斯。犹太人对此进行抗争，于公元前167年发起马加比起义并重新取得自治权。

基督教成立、犹太人流亡

公元前 65 年，罗马帝国灭塞琉古王国，将包括耶路撒冷的迦南一带都纳入其统治之下。罗马帝国尊重犹太人的信仰，禁止外国人进入耶路撒冷的圣殿。公元前 40 年左右，罗马帝国任命希律为犹太王，希律在耶路撒冷建造了诸多住宅。

圣殿遭罗马军破坏以后，希律王时期在圣殿西侧建造的城墙依然保存完好。同样，希律王下令建造位于耶路撒冷西部的城堡"大卫塔"，更是在后世的伊斯兰王朝时期依然使用，现在成了博物馆。

公元 30 年左右，耶稣提倡犹太教改革，其教义从犹太教中独立出来发展为基督教。据《新约圣经》记载，当时人们在耶路撒冷圣殿开市场，卖牛羊、兑换银钱。目睹这种情况的耶稣怒斥他们说："不要将我父的殿当作买卖的地方。"罗马帝国以及犹太教的祭司视耶稣为威胁，在耶路撒冷的各各他将其钉上十字架。

希律王去世以后，罗马帝国和犹太人时起冲突，爆发了犹太－罗马战争。罗马帝国皇帝尼禄命令罗马军入侵耶路撒冷，破坏圣殿。公元 135 年，哈德良皇帝命令罗马军占领迦南地区，在第二圣殿的遗址上建造祭祀罗马神朱庇特（尤皮特）的圣殿。罗马破坏了耶路撒冷大部分地区并建立了新城爱利亚·加比多连，和地中海各地的罗马帝国殖民地一样建造了纪念罗马军战胜的凯旋门及公共浴场，还有穿插于直线道路的格子状街区。犹太人遭到驱逐流放，自此在以欧洲和西亚为中心的世界各地开始了长达近 2000 年的大流亡历史。

尽管罗马帝国对基督教进行弹压，但基督教信徒与日俱增。公元 313 年，罗马帝国皇帝君士坦丁一世公开承认基督教，并在耶稣被钉上十字架的各各他建造"圣墓教堂"。君士坦丁一世允许犹太人每年一度去耶路撒冷做礼拜，大卫曾经建立的城墙（叹息之壁）成了犹太人抒发去国怀乡的忧思之地。

同一时期，亚美尼亚抢先罗马帝国建立起基督教国家。亚美尼亚修道士移居耶路撒冷，亚美尼亚教会作为与罗马教会不同的宗派发展起来。

罗马帝国分为东、西帝国之后，东罗马帝国（拜占庭帝国）统治耶路撒冷，公元 5—6 世纪建造起众多教会和修道院。这些建筑在 614 年波斯帝国萨珊王朝的入侵下遭到毁坏。

奥斯曼帝国建立的现存城墙

公元 7 世纪，曾在阿拉伯半岛经商的先知穆罕默德创立了伊斯兰教。伊斯兰教与基督教一样继承了《旧约全书》的世界观，相传穆罕默德在耶路撒冷大岩石上由天使迎接升天。公元 691 年，此地由继承伊斯兰教领地的倭玛亚王朝建造覆于岩石之上的"岩石圆顶"，成为伊斯兰教的圣地之一。

此后，伊斯兰王朝统治耶路撒冷并建立了众多清真寺（伊斯兰教寺院），但只要缴纳人头税，犹太教徒和基督教徒也被允许有各自的信仰。

随着"夺回圣地"的呼声日益高涨，1099 年，以法兰西诸侯为核心的第一次"十字军东征"占领了耶路撒冷。此时犹太教徒的街区遭到彻底破坏。十字军建立耶路撒冷王国并加固以城市西部雅法门为中心的城墙。在今耶路撒冷老城西北部除了建有圣约翰骑士团运营的大医院以外，还修建了众多教会和

如今的耶路撒冷鸟瞰

修道院。但是，1187年，阿尤布王朝的萨拉丁·阿尤布（萨拉丁）又重新夺回耶路撒冷。截至13世纪，欧洲先后发动了7次"十字军东征"，试图确保基督教徒对耶路撒冷的持久占领，但最终都以失败告终。

进入16世纪后，土耳其裔的奥斯曼帝国统治耶路撒冷，苏莱曼一世修筑了现在依然使用的城墙。苏莱曼一世除了整修耶路撒冷的上水道以外，还下令在东部修建了"圣司提反门"等城门。当时耶路撒冷的城市人口约为5600人，伊斯兰教教徒占六成、犹太教占二成、基督教占一成，伊斯兰教教徒不断增加。

时光飞逝，到了19世纪末，法国和俄国反犹太主义扩大，在欧洲的犹太人中间提倡再建犹太国家的"犹太主义运动"兴起。

1914年，第一次世界大战爆发，英国一方面为获得罗斯柴尔德家族等犹太人资产家的帮助而支援犹太人在巴勒斯坦建立国家；另一方面为瓦解奥斯曼帝国而保障犹太人的自治。因此，在没有取得当地阿拉伯人同意的情况下推进犹太人返回巴勒斯坦。

耶路撒冷整个老城被列为"世界文化遗产"

1948年，以色列建国，引起了埃及和叙利亚等周边国家的强烈反对，从而爆发了第一次中东战争。原本仅耶路撒冷西部属于以色列领土，但1967年以色列通过第三次中东战争将耶路撒冷东部也纳入自己的版图，主张是其"不可分割的首都"。

另一方面，居住在耶路撒冷的伊斯兰教教徒巴勒斯坦人，以东耶路撒冷为首都建立自治政府与以色列政府对立。

耶路撒冷至今依然存在种族之争，但作为犹太教、基督教、伊斯兰教三教圣地也吸引了众多朝圣者。城墙包围之下的耶路撒冷整个老城被列为"世界文化遗产"。耶路撒冷分为四个区，东北部是伊斯兰教教徒聚居区，西北部是基督教教徒聚居区，东南部是犹太人聚居区，西南部是4世纪开始居住于此的亚美尼亚基督教教徒聚居区。伊斯兰教教徒聚居区有高墙阻隔，进出都必须经过检查站。

建于奥斯曼帝国时期的城墙有北"大马士革门"，东"圣司提反门"等8个门，南"锡安门"近处有大卫墓。相传东边面对神庙的黄金门自古以来就是"救世主之门"，普通人不能通行。

自19世纪"犹太主义运动"兴起之时，耶路撒冷老城外缘就开始持续开发扩展为耶路撒冷新城。耶路撒冷新城虽然也有现代化高层建筑，但还是以米黄色的古风石砌建筑居多，充满了历史悠久之都所特有的宁静氛围。

名城篇

微观世界史

雅典—Athens
民主政治遍地开花的文化与学术之都

雅典——古希腊时期就已成为古代民主政治之城。它是苏格拉底、亚里士多德等众多享誉世界的名人荟萃之地,更是孕育哲学、文学、建筑等众多学科的文化之地。

在同时代希腊的众多城邦中,为何雅典得以异军突起发展民主政治而尽揽繁华呢?

现属国:希腊共和国
人口:约315万人(截至2019年)

得天独厚的地形与资源

作为古希腊诸神中负有盛名的奥林匹斯十二主神,智慧女神雅典娜和海神波塞冬围绕某城市守护神之位而争夺的神话流传至今。结果,这座城市最终迎来智慧女神并冠以女神之名。这座城市就是今希腊共和国的首都雅典。

雅典位于巴尔干半岛最南端。据说这里最早在中石器时代或是新石器时代开始有人居住,公元前15世纪至公元前13世纪左右,在位于现今残存有帕特农神庙的卫城山岗上修筑城寨要塞。

在以爱琴海为中心的古希腊世界,巴尔干半岛南部的迈锡尼文明兴起,但公元前1200年左右突然没落。此后,迈锡尼文明诸国的人们为寻求新的定居地,迁至以爱琴海为中心的周边地区。公元前8世纪,雅典各地出现了被称为"帕罗斯"的城邦,雅典也是其一。

希腊地形,山谷连绵,没有大河,因而各城邦没有建立统一的国家,多地以利于交易的沿海岸地区为中心发展起来。

但是雅典与其他沿岸地区的城邦不同的是:内陆地区山地连绵便于抵御外敌,城市近郊地区大理石和银等资源丰富便于开采。这样得天独厚的条件是雅典其后得以繁荣的基础。

牵动希腊世界

各城邦都将海拔不过高、易于攀登和防御的高地定为防御据点兼圣地之丘(卫城)。雅典兼有丘陵和平地,地势起伏富于变化,中心的山丘成为卫城。

公元前6世纪,在雅典建造帕特农神庙,是现存神庙(古帕特农神庙）的前身。帕特农神庙之名源于其为祭祀处女（帕拉斯）女神雅典娜而建。

帕特农神庙建造于雅典贵族和平民抗争的政治过渡期。公元前8世纪左右，在贵族掌握政权的雅典，为调解贵族与平民的对立而完善法律，改革政治，奠定了民主政治的基础。

同一时期已经统一了东方美索不达米亚、埃及周边地区的大帝国波斯阿契美尼德王朝又统治了大部分城邦。但是公元前500年左右，以不满波斯统治的各城邦起义（爱奥尼亚起义）为导火索，各城邦与波斯阿契美尼德王朝之间爆发战争。

雅典支援起义的城邦与波斯对立。公元前490年，以雅典为中心的城邦联军战胜波斯阿契美尼德王朝（马拉松战役）。

此役中由自费参战的公民等组成的重装步兵部队排列出法兰克斯阵形（密集队形），发挥了重要作用。马其顿王国也采用并改良了法兰克斯阵形，为其日后扩大势力发挥了一定作用。

同时，在近郊的拉夫里奥银矿发现了银矿矿脉。根据政治家地米斯托克利的提案，用银矿的收益建造了最新锐战舰——三列桨战舰。公元前480年，强大的雅典海军在萨拉米斯海战中击败波斯舰队。此战中作为划船手而活跃起来的无产阶级公民发言权得到提高。这样越来越多的公民参与到政治中，加速了民主政治确立的进程。

在希波战争的白热化阶段，地米斯托克利开始在位于雅典西南部的比雷埃夫斯建设港口。位于爱琴海商贸要地的比雷埃夫斯港不仅是军港，其后更是被整修发展为商贸港以支持雅典经济发展。现在的比雷埃夫斯港依然作为贸易港发挥着迎接旅客船的作用，其功能并没有改变。

希波战争以后，为继续防御波斯的再次入侵，各城邦间成立了军事同盟"提洛同盟",雅典成为盟主,从而在希腊世界拥有更多的发言权。

奴隶支持的产业

雅典以卫城为中心形成起来。首先在卫城西北山麓建"阿戈拉"(广场),"阿戈拉"在古希腊语中是"聚集"之意,即很多人聚集的市民生活中心地带。初期的阿戈拉是市场,因众多的人聚集而逐渐成为市民讨论政治的场所。政治色彩浓厚的阿戈拉,建有相当于现代国会议事堂的建筑以及市政厅、法庭等城邦公共机关。

如今阿戈拉遗址作为露天博物馆可供人们参观学习。此外,当时决定国家政策的全体集会即民会在卫城西部的普尼克斯山举行,现在依然残留着政治家演讲的讲坛。

在公共建筑设施外缘多出来的空间,市民住宅鳞次栉比。公元前3世纪,根据赫拉克利德斯游览雅典后所著游记《希腊各国指南》所述,希腊除了市内主要的街道以外,皆是羊肠小道,与宏伟的公共设施截然不同,市民住宅多为寒屋陋室。与此相应,市民时有患疫病的风险,据说更多的人死于疫病而非战争。

在1.5千米见方围绕城市的城墙之外是广袤的田园,在这里市民奴役奴隶从事农业生产。不仅如此,鼎盛时期的雅典奴隶人口达总人口35万的三分之一,他们被奴役从事家务劳动和银山采掘等工作。由此雅典得以成立。

公元前 5 世纪左右的雅典城

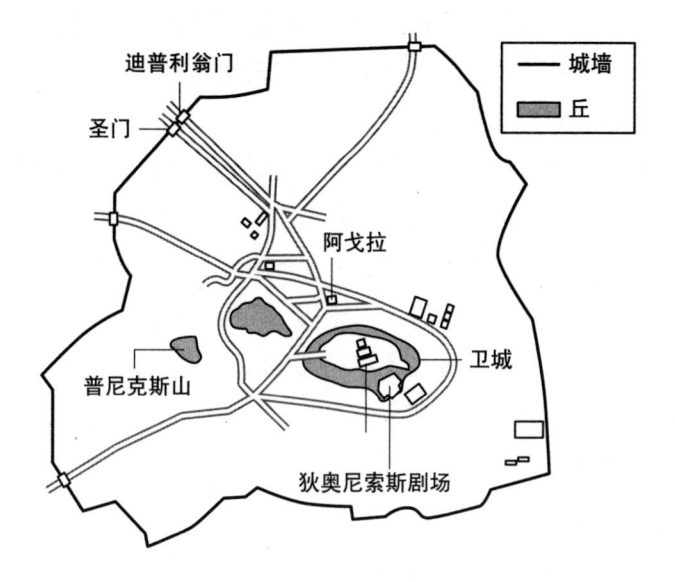

参考河出书房新社《从地图读世界史·古希腊》p56 图制作；
卫城是宗教和思想文化中心，阿戈拉是政治中心

影响后世的文化

公元前 5 世纪—公元前 4 世纪左右的雅典，苏格拉底、柏拉图等历史上著名的哲学家辈出，知识分子也从周边地区移居雅典，雅典作为学问之都逐渐发展起来。师从柏拉图的哲学家亚里士多德任职马其顿王国亚历山大三世（亚历山大大帝）之师结束以后，返回雅典开学园，与雅典渊源颇深。亚里士多德集诸学之大成，其思想对伊斯兰哲学及中世纪欧洲的哲学和神学产生了一定的影响。

民主政治下的雅典保障言论自由，各种悲剧和喜剧在剧场

上演着。说起来剧场也是另一种市民场所，与辩论家主张自己的意见一样是剧作家试图通过作品震撼市民心灵之场所，而鉴赏剧作则是市民的义务，其中具有代表性的剧场是卫城坡面上残存的"狄奥尼索斯剧场"。

雅典民主政治鼎盛时期，卫城的新帕特农神庙金碧辉煌。旧帕特农神庙毁于波斯战争，新神庙由政治家伯里克利主持修建，用近郊彭德利山的大理石将新神庙装饰得五彩缤纷。

古希腊的建筑大致分为以雄伟庄严为特色的多利亚式、以优雅的涡卷状为特色的爱奥尼亚式、以装饰华丽为特色的科林斯式几种。帕特农神庙属于多利亚式，其柱子中间略膨胀被称为"恩塔西斯"的样式传到日本后，被运用到法隆寺和唐招提寺的柱子上。爱奥尼亚式对古罗马建筑也产生了一定影响。

昔日的荣光传扬至今

作为"提洛同盟"盟主的雅典是诸城邦的领头羊，自伯里克利去世以后政局陷入混乱。雅典与同为城邦的"伯罗奔尼撒同盟"盟主斯巴达之间爆发伯罗奔尼撒战争（公元前431—公元前404年），最终雅典战败，国力大大凋敝。

趁希腊世界混乱之际，北方进军而来的国王腓力二世率领马其顿军发动喀罗尼亚战争（公元前338年），并击败城邦联军。腓力二世迫使以雅典为首的诸城邦与其签订"科林斯同盟"，将各城邦置于其统治之下。

马其顿王国也在腓力二世之子亚历山大大帝去世后分崩离析。公元前276年，希腊一带经历大帝之孙建立的安提柯王朝统治后，于公元前168年成为征服安提柯王朝的罗马共和国的属州。

日益繁荣的罗马帝国将雅典原有的建筑改建并新建了公共建筑等，雅典又暂时焕发了活力。但是随着基督教的广泛传播，罗马帝国开始破坏神庙。公元6世纪，当时统治雅典一带的东罗马帝国（拜占庭帝国）皇帝下令关闭哲学学校，雅典作为文化和学艺中心的荣光被逐渐遗忘。

此后的雅典，历经十字军国家和奥斯曼帝国等强国轮番支配。1830年，经过独立战争，希腊从奥斯曼帝国中作为王国独立出来。当时的雅典因战争而百废待兴，但因古希腊遍地开花的文化和灿烂辉煌的历史，1834年，奥托一世将雅典定为王都。此后直至1975年，尽管君主制和共和制轮番更替，但一直将雅典作为首都。

如今的雅典，不仅作为首都，也作为古希腊荣光的传世之地，仍吸引众多游客纷至沓来。

微观世界史 名城篇

亚历山大 — Alexandria
人本主义文化起源的学术之都

　　俄罗斯的圣彼得堡、越南的胡志明市等有不少城市名来源于人名，其中冠以亚历山大大帝之名的亚历山大市拥有超过2300年的历史。

　　这个面临东地中海的城市建造了传播古埃及和古希腊学术的大型图书馆，聚集了研究各门学问的人们，但这些硕果却在中世纪来临之前就丢失殆尽。

现属国：阿拉伯埃及共和国
人口：约518万（截至2019年）

"亚历山大市"第一号

在古代叙利亚、波斯湾沿岸、印度西部以及中亚等欧亚大陆西部各地，冠以"亚历山大"之名的城市多达 70 座，现在的美国弗吉尼亚州等地也有同名城市，但最早冠以亚历山大之名的城市是建在面临东地中海的埃及尼罗河河口。

也许多数人听到埃及时，脑海中浮现的就是广袤的沙漠，但是尼罗河河口被称为"尼罗河三角洲"的三角洲地区是一片绿意盎然之地。古埃及的人们利用尼罗河上游冲积而来的肥沃泥土，将这块地方变成了粮仓。

从公元前 3100 年左右开始，许多王朝在古埃及不断兴衰更替。公元前 2500 年前后的古王国时代，在据开罗约 20 千米的西南方向的吉萨，修建了有名的三大金字塔和狮身人面像。

埃及与位于东地中海对岸的希腊之间联系由来已久。公元前 7 世纪，希腊在与其后的亚历山大相距约 75 千米东南方向的诺克拉提斯建立起殖民城市，成为与埃及的贸易据点。

大图书馆和大灯塔

公元前 334 年，马其顿王国亚历山大三世（亚历山大大帝）统率希腊城邦开始远征东方。公元前 332 年，入侵埃及的亚历山大认为尼罗河口法罗斯岛附近的一个小渔村是良港，于是下令在此建立冠以自己之名的城市亚历山大。亚历山大大帝亲自乘马考察和决定了中央道路的位置，建造格子状的市区，将法罗斯岛与海岸用全长 1225 米的突堤连接起来，并在城市建造祭祀希腊和埃及诸神的神庙。

公元 3 世纪左右的亚历山大城

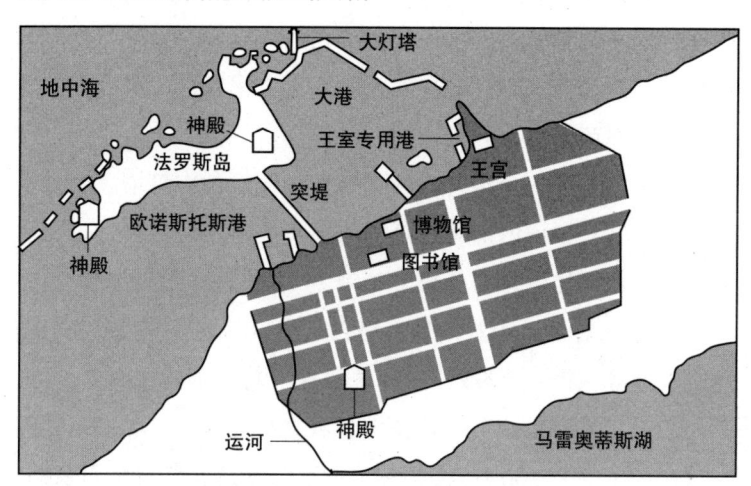

参考讲谈社《学术城市亚历山大》p38 图制作而成；
以连接法罗斯岛的突堤为界，两个港口发挥着作用

　　远征途中亚历山大在所到之处均下令建造以亚历山大命名的城市，但公元前 323 年还未见到埃及的亚历山大城竣工的他便溘然长逝。不久，其臣属托勒密（一世）在埃及建立托勒密王朝并将建成的亚历山大城作为首都。

　　托勒密一世在亚历山大市修建了大规模的博物馆（学园）和图书馆。不仅是希腊以亚历山大远征军踏足的埃及为首，托勒密一世也将美索不达米亚和波斯等地的哲学、诗文、历史、天文学、地理学、数学、医学等书收集并抄写下来收藏于此，并翻译成希腊语。据传藏书达 10 万卷（也有说法是 70 万卷），但因没有发现其遗迹，具体规模至今依然成谜。

　　据希腊历史学家斯特拉波所述，向托勒密进谏收集书籍的是亚历山大之师、希腊哲学家亚里士多德。

博物馆群英荟萃，有几何学集大成者、数学家欧几里得、物理学家阿基米德、地动说先驱阿利斯塔克等。希腊与东方的宗教、学术和美术相互融合的人本主义文化兴起，对后世的罗马帝国学术产生重要影响。

亚历山大另一个传奇式的建筑是法罗斯岛大灯塔。大灯塔高约140米，据说内部有将灯塔的燃料运往顶层的装置。法罗斯岛灯塔与巴比伦悬苑（空中花园）等一同被列为"古代世界八大奇迹"之一。法罗斯岛灯塔毁于公元8世纪和13世纪的两次大地震，但是1995年在海底发现了其遗迹的一部分。

数百年来亚历山大一直作为学术之都而闻名，鼎盛时期的人口达约30万—100万人，其中绝大部分是从希腊移民而来的。

罗马帝国统治下的繁华与没落

公元前48年，因托勒密王朝内部纠纷引发亚历山大战争，凯撒率领罗马军进攻亚历山大，图书馆一时遭到破坏。得到凯撒支持的克利奥帕特拉（克利奥帕特拉七世）即位，但后来他又与罗马敌对，在公元前31年的亚克兴海战中兵败自杀。此后，罗马帝国将包括亚历山大在内的埃及纳入其统治之下。

基督教很早就在埃及传播开来，在亚历山大，希伯来语的《圣经》被翻译成希腊语，这也是基督教在罗马帝国传播开来的原因之一。同时，罗马帝国统治下的埃及成为生产帝国粮食消费量三分之一的粮仓。除粮食生产外，亚历山大也作为商品输出港而繁荣，运输棉制品、玻璃制品等工业制品和纸张普及以前作为书写材料使用的纸莎草，以及从波斯、叙利亚等东方运来的商品。

公元4世纪末，罗马皇帝狄奥多西将基督教定为罗马帝国的国教，镇压希腊和埃及自古以来的多神教信仰，滋养亚历山大学术的多文化共生的土壤不复存在。亚历山大图书馆因基督教徒排斥攻击异教徒文化而逐渐荒废。

公元640年左右，阿拉伯人的伊斯兰教团占领埃及，但此时的亚历山大似乎已完全衰落。伊斯兰教团重建亚历山大港湾，从中世到近世的法蒂玛王朝和马穆鲁克王朝等伊斯兰王朝均将其用以作为地中海贸易据点。

实现复兴的巨型图书馆

时光飞逝，1798年，拿破仑率领法国军队进攻奥斯曼帝国统治下的埃及。法国军队撤退以后，奥斯曼帝国任用帝国军人穆罕默德·阿里为埃及总督。此后穆罕默德·阿里开创了穆罕默德·阿里王朝。阿里与亚历山大一样出身于马其顿，他为促进埃及的近代化致力于同欧洲各国进行贸易往来，亚历山大作为商业港焕发出活力。

随着奥斯曼帝国的日益衰落，英国、法国等欧洲列强对埃及的影响力与日俱增。1882年，军人艾哈迈德·奥拉比以倡导埃及独立而发动起义，亚历山大沦为战场。起义以失败告终，英国将埃及置于其统治之下。1919年，埃及获得独立，但因亚历山大继续作为英国地中海舰队的基地，所以在第二次世界大战中受到德国军队的空袭。战后英国撤出海军基地，埃及政府重建亚历山大。

随着埃及考古学研究的不断推进，修复失去的亚历山大图书馆的呼声日益高涨。2001年，埃及政府与UNESCO（联合国教科文组织）一道在亚历山大市内重建了亚历山大图书馆。图书馆占地面积超过 8 万平方米，收藏有数万册的书籍及影像资料，同时还建立了天文馆、考古学博物馆和科学博物馆等建筑。

微观世界史
名城篇

特奥蒂瓦坎
—— Teatihuacan

至今仍迷雾重重的"众神之都"

15世纪以前,在与亚洲和欧洲文化圈隔绝的南北美大陆也有一座大城市,那就是特奥蒂瓦坎。

这座建有巨大金字塔的高原城市,为何会在8世纪以后被世人悄然遗忘呢?因为没有这个王朝的相关历史记录,从城市建立的背景到市民生活的情景以至衰落的经过,这一切的一切至今依然扑朔迷离。

现属国:墨西哥合众国
人口:——(该城市现已不复存在)

中美洲文明最大的城市

一般认为南北美大陆的原住民是在约 2 万年前,从亚洲渡俄罗斯与阿拉斯加州之间的白令海峡而来。他们中大部分分为小规模的部落集体,但在中美洲(在中美从墨西哥到危地马拉一带)和中央安第斯(在南美从秘鲁到玻利维亚一带)出现了阿兹特克帝国和印加帝国等拥有高度文明的国家。

距墨西哥合众国首都墨西哥城东北约 50 千米的特奥蒂瓦坎,是中美洲文明孕育的最大城市。特奥蒂瓦坎位于海拔约 2200 米的高地,附近没有河流大川,但拥有来自周边山地的冰雪融水和地下水丰富的水资源,土壤肥沃,农业生产力较高。

在这里可以看到公元 9 世纪左右开始有人聚居的痕迹,但是真正开始在此建城大约在公元前 100 年左右。据推测,在城市发展处于鼎盛时期的公元 350—650 年左右的人口约为 10 万—20 万人。

城市总规模约为 22 平方千米(与日本平安京的规模大致相当),宽约 40 米,长约 2—3 千米被称为"死者大道"的大道纵贯其城南北。因发现特奥蒂瓦坎遗址时将其北端的"月亮金字塔"误认为是王家陵墓,这条大道由此得名。

高度发达的天文学反映在建筑上

一般认为特奥蒂瓦坎采用神权政治体制,神官至高无上,其下分为军人、商人、工匠和奴隶等等级。当时的文字记载有神名和地名,但没有留下王朝记录等内容。

在大道以东有建造于 1—3 世纪,高约 63 米的"太阳金字塔"。其地下广泛分布着天然大洞窟，自古就被视为宗教圣地。一年中太阳高度最高的一天的太阳正好照在金字塔的正面，有解释说是为便于农耕时通过观测太阳的移动来把握雨季和旱季而专门建造的。

大道北端的"月亮金字塔"高约46米，据推测比"太阳金字塔"的建造晚大约100年。在街南建有祭祀司水和农耕之神的克萨尔考特尔神庙。在月亮金字塔和神庙有举行过将活人和牲畜作为活祭献给神的仪式的痕迹。

特奥瓦蒂坎的构造

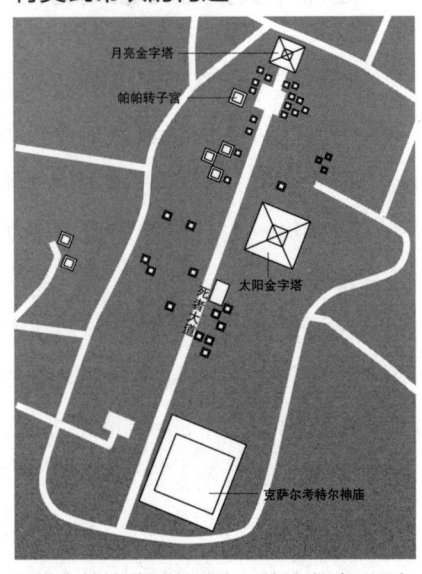

月亮金字塔
帕帕转子宫
太阳金字塔
死者大道
克萨尔考特尔神庙

从城市的构造可以看出，统治者阶层具备高度发达的天文学知识

特奥瓦蒂坎似乎是将约83厘米作为一个长度单位。比如，"太阳金字塔"的底边长度是其260倍，"月亮金字塔"的底边长度是其105倍，"死者大道"的南部、北部长度是它的2000倍。但是将83厘米作为一个长度单位的根据至今仍不得而知。

市内的下水管道设施非常完备，有类似公寓的集中住宅。在石砌的平房外部涂上漆，一户之内有数十间房屋。住宅和神庙及金字塔一样绘有鸟兽等的壁画，由被称为"塔鲁"的倾斜墙壁和被称为"塔布雷罗"的垂直墙壁构成。

特奥蒂瓦坎——Teatihuacan 033

遍布中美大部分区域的物流网

从公元 7 世纪后半叶到公元 8 世纪的这段时期，特奥蒂瓦坎因内忧外患而荒废，如今已发现当时大范围内放火的痕迹。似乎在同一时期也出现因土地干涸而导致农业生产力下降。但盛极一时的特奥蒂瓦坎是如何走向衰落的，至今仍是迷雾重重。

在西部尤卡坦半岛的玛雅文化圈等地也出土了与在特奥蒂瓦坎使用的东西具有共同要素的陶器和日用品。但在美洲原住民还没有到来的 15 世纪以前，这里没有马和车，交通网并不发达，也没有广泛传播的共通文字。因此，当特奥蒂瓦坎走向衰落，其文化也因没有被周边地区所继承而走向断绝。

不知何时特奥蒂瓦坎成了被大家遗忘的都市，不久，在其南方不远的特诺奇蒂特兰，阿兹特克文化圈得以发展。公元 14 世纪，势力圈向北扩张的阿兹特克人发现了太阳金字塔等大型遗迹，因此他们将此地称为"特奥蒂瓦坎"（众神之都）。

1521 年，从西班牙到来的科尔特斯征服了由阿兹特克人团结各族建立的阿兹特克帝国，特诺奇蒂特兰变成现在的墨西哥城。特奥蒂瓦坎在白人到来之时由于已经成为废都而免于被过度地破坏，成为向现代展示古代中美文化高度发展的遗迹。

微观世界史 名城篇

罗马—Rome
多次起死回生的"永恒之都"

与极尽荣华的罗马帝国帝都相应,罗马采用当时最先进的技术建设上下水道和公众浴场等,方便了罗马市民的生活。

罗马在帝国衰落以后被罗马天主教会所掌控,虽然城市规模在不断缩小,但随着文艺复兴时期的到来,高度繁荣的文化又再次百花齐放。

现属国:意大利共和国
人口:约423万人(截至2019年)

王政时期建造的帝都原型

罗马位于意大利半岛中部以西，距第勒尼安海约 25 千米，上溯至台伯河的东岸。

传说被遗弃在台伯河的双胞胎罗慕路斯和雷慕斯建造了这座城市，随后罗慕路斯打败雷慕斯于公元前 753 年在帕拉蒂尼山建国罗马。据说罗马这座城市也得名于罗慕路斯。

实际上，一般认为罗马始于从公元前 10 世纪到公元 9 世纪拉丁人在帕拉蒂尼山建立的聚落。随后居住在别处山丘的萨宾人攻破罗马，于公元前 3 世纪中叶左右成为罗马市民。萨宾人给罗马带来了天空神朱庇特（尤皮特）和军神玛尔斯信仰。

进入公元前 7 世纪，统治意大利中部的伊特鲁里亚人势力不断扩张，开始对罗马产生影响。公元前 616 年，伊特鲁里亚人塔魁尼阿斯移居罗马，成为罗马王的养子并继任了王位。

伊特鲁里亚人拥有先进的技术，他们凭借周围 7 个山丘作为天然屏障，将罗马发展为城市。山丘之间的平地作为广场，在那里建立神庙及集会场所，并且开始在罗马修建上下水道和环绕城市长约 10 千米的"塞尔维乌斯"城墙等。作为共和政、帝政之都的城市原型在这一时期得以形成。

在城市化进程中，由罗马的统治阶层（贵族）组成的立法 - 咨询机构开始成立。公元前 509 年，伊特鲁里亚人国王由于不与元老院协商实行独裁统治而遭到抵制，愤怒的罗马市民等将其流放，罗马开始了共和政体。

世界上最古老的混凝土建筑

内政稳定后罗马共和国于公元前272年统一意大利半岛，开始向地中海地区进军，随后在占领的各地区设立行省。

罗马共和国时代开始积极进行基础设施建设等城市开发工作。在台伯河河岸修建的港湾和小麦贮藏所，一般认为这是世界上最古老的使用天然水泥的混凝土建筑。在中央广场，建有元老院议事堂和祭祀农耕神萨图尔努斯的神庙，其周围商店林立。

公元前312年，政治家阿皮乌斯修建了罗马首条水道"阿皮亚水道"（全长约16.5千米）。此后，随着罗马城的不断扩大又增修了上下水道。阿皮乌斯还监督修建了从罗马呈放射状辐射到各地的军用道路"阿皮亚街道"。

公元前88年，罗马赋予意大利半岛全地的自由民市民权，平民的发言权增加。可以说，此时的罗马已经从城邦变成了一个囊括许多与罗马享有同等权利的城市的邦国。

另一方面，因隶属于元老院的贵族苏拉和担任保护平民生命财产安全之职的护民官马里乌斯的对立等原因，这个时代被称为"内乱的一个世纪"。据说苏拉等掌权者为炫耀权力建造了朱庇特神庙和国家档案馆等公共建筑，改变了罗马的城市景观。

马里乌斯和苏拉去世后，经过凯撒、庞培和克拉苏的"三头政治"，凯撒实行独裁政治。两年后凯撒被暗杀后其养子盖维斯·屋大维掌权。公元前27年，他即位为第一代皇帝奥古斯都，罗马从共和政体过渡到帝制。

支撑百万人口的水道

奥古斯都帝说:"我继承罗马砖石之城,将其建设为大理石之城。"奥古斯都帝除了投身于建设议事堂、供奉诸神的万神殿及剧场等建筑事业以外,还将罗马划分为14个区域推进城市发展。重建的万神殿在将近2000年后的今天依然屹立于世并且经过科学证明其坚固性,由此可见当时罗马人土木工程技术之高超。

此后的历代皇帝为夸耀其权力获得罗马市民的支持,也投身于建造公共建筑。能够容纳约5万人(容纳人数众说纷纭)的圆形角斗场"斗兽场",由韦斯帕芗帝开始动工在公元80年提图斯帝在位时完成,用以观看角斗士奴隶们的战斗等。

帝国时代罗马人口爆炸性增长。公元前300年左右还只有约3万人口,到公元14年左右增长到约80万人,公元164年人口膨胀到100万人以上。因此,罗马市民开始在塞尔维乌斯城墙外居住。

公元3世纪奥雷利亚帝在位时,塞尔维乌斯城墙的外侧又新建了围绕城市的全长达19千米"奥雷利亚城墙"和新城区。

有赖于水道的修建,使100万人口在此生存成为可能。从公元前312年修建"阿皮亚水道"到公元226年修建"安东尼亚娜水道",罗马共修建了11条水道,日供水约110万立方米。这样的供水量与横滨日最大供水量(2017年度)大致相当。

饮用水自不必多说,水道也为城市的公共浴场提供水源。一般认为4世纪的罗马有大大小小的浴场达900个。

罗马因人口过剩,所以建筑密集。贵族等富人阶级在罗马城拥有大块土地建单户住宅(Doums),而许多普通百姓则住在称为"Insula"的高层公寓中(说是高层也不过是7层)。

尼禄皇帝执政的公元 64 年，罗马发生火灾（"罗马大火"）。火势迅速蔓延，因无法保障消防用水而迟迟无法扑灭，大火持续燃烧了 7 天。

大火后尼禄皇帝开始重建罗马城。他加宽道路，禁止木制建筑，基础设施必须设置中庭并采取防火措施。

公元 1 世纪左右的罗马城

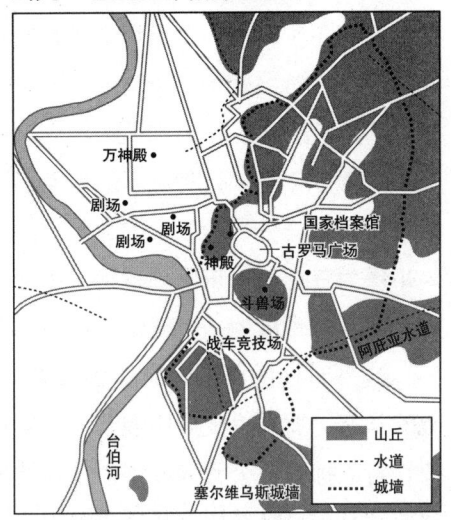

根据河出书房新社《图说罗马"永恒之都"城市与建筑 2000 年》p21 图制作；曾矗立着元老院议事堂等建筑物的古罗马广场曾是政治中心

迁都和日耳曼人的迫害

五贤帝执政时期，罗马迎来了被称为"罗马和平"的鼎盛时期。到了图拉真皇帝时期，帝国版图扩大为南至北非大陆、东至美索不达米亚的欧洲大部分地区。但鼎盛过后罗马开始逐渐衰退。

五贤帝以后的 50 年间，罗马相继有 26 位军人出身的皇帝执政（军人皇帝时代），内政变得不稳定。结束这种局面的是戴克里先皇帝。戴克里先皇帝认为，由一位皇帝统治幅员如此辽阔的帝国是不现实的，因此于公元 293 年将帝国一分为东西两部分并分别设正帝和副帝，开创"四帝共治制"。其后君士坦丁大帝将帝国再次统一起来并迁都君士坦丁堡（现在的伊斯坦布尔）。此后君士坦丁堡开始被称为"第二罗马"。公元313年，帝国发布《米兰敕令》正式承认基督教，并于公元392年将基督教定为罗马国教。

公元395年，行将就木的狄奥多西皇帝将帝国领土分给两个儿子，罗马分裂为以米兰为首都的"西罗马帝国"和以君士坦丁堡为首都的"东罗马帝国"（拜占庭帝国）。这样，罗马成为西罗马帝国的一个城市。

这一时期的西罗马帝国因日耳曼人大迁移而陷入持续混乱的状态，罗马也受此影响。公元410年，罗马遭日耳曼裔的西哥特人掠夺，公元455年，日耳曼裔的汪达尔族破坏罗马的建筑和基础设施等，罗马遭受重创，城市功能受到影响。

公元476年，西罗马帝国灭亡后罗马先被日耳曼人雇佣兵队长奥多亚克尔统治，后由日耳曼人东哥特王国统治。此后东罗马帝国统治罗马，但罗马一直未受到重视。8世纪中叶，当罗马受到日耳曼裔伦巴第人的威胁时，教皇不再依赖东罗马帝国而是求助于同是日耳曼人的法兰克王国。罗马教皇原本是管理各地教区的主教之一，但因在罗马担任主要领导职务，而逐渐成为罗马天主教会中对最高级别神职人员的称呼。

应教皇请求法兰克国王丕平三世击退日耳曼人，并于公元756年将获得的领地捐赠给罗马天主教会。这样，罗马就成为意大利中部的独立势力、罗马教皇领地的中心城市。

文艺复兴时期

9世纪，法兰克王国分裂后意大利王国成立，但仅仅经过

80年就土崩瓦解了。威尼斯和热那亚等城市在神圣罗马帝国的统治下繁荣昌盛,教皇领地保持独立。在此期间,罗马城的斗兽场和剧场被当作是与异教有关的东西而遭舍弃。

中世纪的罗马被卷入教皇与各国君主间斗争的洪流。13世纪,教皇英诺森三世时期教皇权力达到顶峰。但到了14世纪,法国国王强行将教皇厅迁至法国阿维尼翁,教皇的权力受到极大冲击而丧失权威("阿维尼翁之囚"),罗马也就此荒废。

在这样的背景下,14世纪的意大利半岛兴起了古典文化复兴运动"文艺复兴",罗马也受其影响。例如,教皇尼古拉斯五世修建维尔戈水道,西克斯图斯四世修建西斯托桥。现在在罗马所能看到的教会及装饰教会的绘画壁画等类艺术作品都产生于这一时期。这样,罗马的人口由2万人增加到5万人。

就在即将恢复像古罗马那样的城市时,1527年,罗马遭到神圣罗马帝国皇帝查理五世的军队攻击("罗马之劫")。这次攻击的导火线是以象征罗马复兴的圣彼得大教堂为首的教堂重建。天主教会为筹集巨额资金而滥发免罪符(通过捐款获得的免罪证书),从而引发了路德的宗教改革。据说信仰路德教义的士兵将建筑物毁坏殆尽,罗马城人口也减少到3万人左右。

16世纪后半叶,教皇西克斯图斯五世实施城市规划,修建了连接主要教堂和广场的直线道路,并修复了古罗马的水道为缺水地区供水。此后的罗马经历了平稳发展的一段时期。

墨索里尼实施的改造计划

18世纪末,欧洲发生了翻天覆地的变化。以法国大革命为契机抬头的拿破仑登上帝位后势力迅速扩大。1809 年，教皇领地被法兰西帝国暂时吞并。大革命余波之下意大利半岛的统一运动日趋活跃。1861 年撒丁王国建立意大利王国，其首都先后定在都灵和佛罗伦萨，1870 年王国吞并罗马并于 1871 年定罗马为王都。

这一时期的罗马人口约为 20 万人，教堂以外的设施只有遗迹、果园、谷仓及贵族住宅。因此，王国政府迅速推进政府大楼、医院和公园等公共设施的建设并进行区划整理，包括修整新街道等。这时中世纪以来的老城街道逐渐消失。

1918 年第一次世界大战结束后，意大利开始了法西斯党的独裁政治，当权者墨索里尼为谋求罗马现代化，启动了"罗马改造计划"。其内容是以修整新街道为中心进行区划整理，具有很强的夸耀其权力的意图。此外，还修建了纪念广场以展示罗马帝国时期的辉煌。虽然由于其计划的实施等原因导致中世纪以来的部分城镇消失，但成为首都的罗马仍得到持续发展，到 1936 年人口突破了 100 万。

1939 年第二次世界大战开始后，意大利以罗马为首宣布，佛罗伦萨、威尼斯这三座城市没有交战意图为"不设防城市"（非武装城市），其目的是保护文化财产。得益于此，罗马虽被德军占领，但幸免于遭到毁坏。战后的意大利废除王政，于 1946 年成为共和政体国家并继续将罗马作为首都。

罗马被称为"永恒之都"。这并不是因为它保留了古罗马以来的城市格局，而是因为帝国土崩瓦解以后罗马多次被入侵而遭破坏，但每遭破坏后都被迅速重建，才称之为"永恒之都"。

微观世界史 名城篇

君士坦丁堡
—Constantinople

面临海峡的欧洲与亚洲的交界处

君士坦丁堡（今伊斯坦布尔）一直被认为是控制地中海的三个大国的都城，分别是：古代罗马帝国、东西分裂后的东罗马帝国及奥斯曼帝国。

这个由希腊人建造的城市，在近2700年的历史中经历了罗马帝国的内乱、十字军远征及伊斯兰势力入侵等多次战乱，成长为欧洲和亚洲文化并存的城市。

现属国：土耳其共和国

人口：约1500万人（截至2019年）

拥有 4 个名字的城市

有不少城市随着时代的变迁而更改城市名。其中，现属土耳其的伊斯坦布尔在 4 世纪之前被称为"拜占庭"，在 15 世纪之前被称为"君士坦丁堡"，也一度被称为"新罗马"。

伊斯坦布尔这个名字乍一看可能会让人联想到"东部、东方"，其实它来源于希腊语中的"上城镇"。但住在土耳其附近的希腊人效仿东罗马帝国（拜占庭帝国）时期的称呼，现在仍沿用希腊式读音"康斯坦丁堡"。

君士坦丁堡面临连接黑海和爱琴海的博斯普鲁斯海峡，自古以来就是连接欧洲和亚洲的交通要冲。纬度与日本青森县大致相同，盛夏的平均气温是 29℃，隆冬为 4℃，气候宜人。

公元前 658 年，希腊梅加拉族的拜占斯国王在此地建立了殖民城市拜占庭。最初城市建立于博斯普鲁斯海峡的欧洲一侧。拜占庭在经历了从东方入侵的波斯阿契美尼德王朝的统治后，于公元前 4 世纪以后成为不属于任何国家的自治城市，但在公元前 1 世纪被纳入罗马帝国版图。

迁都时充分考虑水源

公元 196 年，拜占庭卷入了罗马皇帝瑟维如斯与其政敌尼格尔之间的冲突，城市遭到军队的彻底破坏。数年后再度被重建，城市规模比先前扩大了一倍。

3 世纪末，幅员辽阔的罗马帝国被分割为西方和东方两部分，采取由各自的正帝和副帝统治的"四帝共治制（四分统治）"体制。西方副帝康斯坦丁一世之子君士坦丁一世击败各地政敌，成为唯一的正帝，并于 330 年宣布将都城迁往拜占庭。

迁都的理由并未言明。这一时期罗马帝国的经济中心已转移到东方，加之君士坦丁皈依基督教，因此离开了自古以来朱庇特（尤庇特）神等多神教信仰根深蒂固的罗马以重整旗鼓、振奋精神。新城市最初被命名为"新罗马"，但后来根据君士坦丁的名字，而定名为拉丁文的"康斯坦丁堡"和英语的"君士坦丁堡"。

伊斯坦布尔中世纪代表性建筑加拉塔

新都建立时模仿罗马市内的七座山丘，将城内主要建筑物修建在七座山丘上。市中心修建了君士坦丁广场，并以广场为起点修建了道路网。君士坦丁堡被海包围，淡水资源匮乏，因此为保障饮用水资源，在广场的地下修建了巨大的蓄水池。

公元 375 年左右，修建了瓦伦斯水道桥连接城市至西北方向森林里的水源。水道桥高约 20 米，全长近 1000 米，一直使用到 19 世纪末约 1400 年的历史。

东正教的中心地

4 世纪末，狄奥多西皇帝正式将君士坦丁堡作为首都进行整修，修建城墙、港湾和城市正面入口的黄金门等。

狄奥多西执政时将基督教定为罗马帝国的国教。为了解决许多神学家对教义的解释存在的分歧，在 381 年召开的"君士坦丁堡公会"上，厘清了神、耶稣和圣灵关系的"三位一体说"被确立为正统。此后也经常在君士坦丁堡召开公会，判断基督教神学的正统与异端。狄奥多西去世后罗马帝国分裂为东、西帝国，君士坦丁堡成为东罗马帝国的首都。公元 476 年，西罗马帝国皇位空缺，欧洲进入群雄割据的时代，罗马日益衰落。但此时的君士坦丁堡却得到持续发展，从 4 世纪人口约为 20 万增长到 5 世纪的 50 万。

在罗马帝国东部君士坦丁堡的主教座堂成为中心教堂。主教座堂圣索菲亚大教堂（意为"圣洁的智慧"）始建于公元 360 年，因火灾焚毁重建后又在 6 世纪毁于罗马市民因不满尤斯蒂尼亚努斯一世统治而发起的暴动。公元 537 年再度重建，罗马帝国修建了直径 33 米的巨大圆顶建筑，其规模和形状都是史无前例的。它的主体建筑是砖砌的，内墙壁则均由大理石装饰而成。

在 7 世纪的东罗马帝国，占据了统治阶层和罗马市民的大多数是希腊人而非罗马人后裔，希腊语成为通用语。君士坦丁堡虽与东方入侵而来的伊斯兰教势力冲突不断，但仍作为地中海贸易据点持续繁荣发展。君士坦丁堡将古希腊哲学与基督教相融合,发展为独特的神学,同时,融合希腊的雕刻、绘画与基督教美术的马赛克画和圣像等拜占庭美术也得到了发展。

8世纪,在欧洲各国具有影响力的罗马教会和君士坦丁堡主教座堂围绕教义解释发生冲突,11世纪,罗马天主教会和东正教分裂。十字军远征在欧洲开始后,意大利半岛威尼斯和热那亚的商人开始主导地中海的航行和通商,威胁着以君士坦丁堡为中心的东罗马帝国的制海权和贸易权。

公元1204年,在威尼斯商人煽动下,第四次东征的十字军占领君士坦丁堡,并拥立当时统治比利时到法国北部的佛兰德伯爵为皇帝,建立拉丁帝国。东罗马帝国暂时迁都于安纳托利亚半岛的尼凯亚(尼西亚),直到1261年才重新夺回首都。

连年争战加之土耳其伊斯兰教势力的塞尔柱王朝入侵,导致东罗马帝国迅速衰落。

船队翻山越岭的攻坚战

进入14世纪,奥斯曼帝国势力扩张,取代了地中海东部的塞尔柱王朝。公元1453年,奥斯曼帝国穆罕穆德二世发兵约8万人,企图攻占君士坦丁堡。东罗马军在博斯普鲁斯海峡的金角湾布下宽约800米的粗锁链,封锁了敌舰的入侵。于是,奥斯曼帝国将72艘船舰利用滑轨,使之能够从陆地上翻山越岭,从而进入另一侧的海峡,并最终攻陷了君士坦丁堡。

在奥斯曼帝国统治下,源于罗马帝国的君士坦丁堡这一称呼逐渐被弃用。从1457年左右开始,如开头所述源自希腊人口语表现的"伊斯坦布尔"这个称呼固定了下来。

奥斯曼帝国将市内许多基督教教堂改造成清真寺（伊斯兰教寺院），在圣索菲亚大教堂基督像等马赛克画被灰泥粉刷。但东正教的主教座堂继续设在市内，17世纪以后，将老城北部的圣格奥尔吉奥斯大教堂作为主教座堂固定下来。

公元1478年左右，皇宫托普卡匹（"大炮之门"的意思）建成。这座占地面积达70万平方米的宫殿此后经过不断的扩建改造，成为一座融合了中东和欧洲建筑风格的独特建筑。奥斯曼帝国围绕在地中海和巴尔干半岛的霸权争夺与神圣罗马帝国对立，与更靠西方的法国结盟。因此清真寺和宫殿的内部装饰都采用了从法国引进的巴洛克样式。

厚待欧洲人

奥斯曼帝国鼎盛时期的治世局面由1520年即位的苏莱曼一世开创，冠以其名的苏莱曼清真寺于1557年在伊斯坦布尔市中心竣工。苏莱曼清真寺有高54米、直径27米的巨大圆顶，围绕建筑物的4个宣礼塔（尖塔）表面都饰以精致的装饰。设计这座清真寺的建筑家米玛·希南与同一时期活跃于意大利的米开朗琪罗并称为天才。奥斯曼帝国有令优秀的基督徒改信伊斯兰教，并将其培养为被称为高级官吏或耶尼切里的直属于皇帝的精英军人制度。希南原本也是希腊人中的基督教徒。

公元1616年，希南的学生米文·艾加亲自主持完成苏丹艾哈迈德清真寺的修建。通常清真寺最多有四个尖顶环绕建筑，而这座清真寺有六个尖顶。建成时塔的数量比伊斯兰教圣地麦加的清真寺还要多，可以说象征着当时的伊斯坦布尔是伊斯兰世界的中心。

伊斯坦布尔蓝色清真寺和圣索菲亚大教堂

　　苏莱曼一世也保护异族和异教徒的活动。因此，有大量人员流入伊斯坦布尔。其中，以占统治地位的土耳其人为首，包括土著的希腊人、犹太人和保加利亚人以及塞尔维亚人，还有巴尔干半岛各民族的人、奥斯曼帝国统治下的阿拉伯人、北非的黑人等。法国和英国商人在伊斯坦布尔享有自由活动的通商特权（capitulation），欧洲国家在金角湾的加拉塔地区也建立了定居点。

　　16世纪，伊斯坦布尔的人口达到70万人。市内除了罗马帝国时代留下的公共浴场外，咖啡馆作为社交场所也吸引了很多人。另外，使用地中海的海鲜和橄榄的希腊料理，使用羊肉和酸奶等乳制品的土耳其料理融合在一起，发展了丰富的饮食文化。

21 世纪依然是连接东西方的交通要冲

17 世纪，欧洲各国贸易活动的中心地由地中海转移至大西洋，地中海城市的重要性下降，但伊斯坦布尔依然是进出中东的据点。公元 1883 年，从伊斯坦布尔到德国慕尼黑和法国巴黎的东方快车开始运行。

公元 1918 年，奥斯曼帝国在第一次世界大战中败给英国、法国和希腊等国联军，伊斯坦布尔被暂时占领。凯末尔·阿塔图尔克等率领国民军击退联军，但皇帝大权旁落，奥斯曼帝国解体。1923 年，土耳其共和国成立，阿塔图尔克就任首任总统。正如君士坦丁一世试图通过迁都重整旗鼓一样，阿塔图尔克将首都迁至安纳托里亚半岛内陆设有大国民会议的安卡拉。

如此一来，伊斯坦布尔痛失首都"宝座"，但它仍然是土耳其人口最多的商业城市。现在的城区由欧洲一侧的贝尤格鲁、埃米诺努、法蒂赫和亚洲一侧的乌斯库达、卡德基乔伊五区组成，包括最早在法蒂夫区建城的老城。

从罗马帝国到奥斯曼帝国各个时代的建筑混杂的伊斯坦布尔，即使在现代也备受游客青睐。博斯普鲁斯海峡是俄罗斯和乌克兰等国的船舶由黑海出地中海的交通要道，每年通航船只多达 4 万艘。1973 年，连接欧洲与亚洲的全长 1074 米的博斯普鲁斯大桥竣工（现在是"7 月 15 日殉桥者之桥"），并于 2011 年开通海底隧道（欧亚大陆海底隧道）。作为连接欧洲和亚洲的交通要道，伊斯坦布尔的地位依旧保持不变。

微观世界史 名城篇

长安—Changan
无数王朝兴衰更替的长治久安之都

　　长安,从西汉时期开始就是众多王朝的都城。据说唐朝鼎盛时期人口达100万人,贝联珠贯的街道、井然有序的大都市令东亚各国心驰神往。长安附近还有周和秦等王朝的都城,可以说长安一带是唐朝灭亡前中国历史的缩影。

　　在幅员辽阔的中国,为何长安及其周边地区屡次被选为都城呢?

现属国:中华人民共和国
现人口:约987万人(截止到2019年)

天然要塞庇护之地

当今，重庆、上海等长江流域的城市取得了日新月异的发展，但从古代到中世纪，黄河流域（中原）一直是历史的主要舞台。长安便是其中之一。

长安一带是黄河支流渭水流经的盆地。最早在这一地区设都的是周王朝。西周时期（公元前 11 世纪左右—公元前 8 世纪）定都于西安近郊的镐京。究其原因是地理环境使其在军事和经济上得天独厚。北临渭水，南依 2000—3000 米秦岭山脉是为天然要塞，肥沃的地质适宜农业发展。

公元前 770 年左右，周迁都黄河中游的洛邑（今河南省洛阳市），此后被称为东周。此时周王室衰微，大权旁落，历史进入持续至公元前 3 世纪的春秋战国时期，期间战争频仍，纷争不断。这一时期"战国七雄"之一秦国将都城建在西安西北地区。公元前 4 世纪，建都渭水北岸咸阳的秦，在公元前 3 世纪灭东周和六国（除秦以外的六雄），于公元前 221 年首次统一中国。

完成统一大业的秦始皇（嬴政）令 12 万户天下富豪移居咸阳。因人口增加，秦始皇计划扩大城市，但由于咸阳以北为高原地带无法向北发展，于是秦始皇在渭水南岸修建阿房宫等建筑。渭水南岸早在秦始皇以前就修建有宫殿等，是可追溯至周代的有修建城邑历史渊源之地。如此，咸阳扩大为一座渭水横贯其东西的城市。

秦始皇帝陵也修建于此时。20 世纪，在帝陵周边发现的陶铸人马像和兵马俑被列入"世界文化遗产名录"，现已成为西安近郊的旅游胜地。

几经兴废

秦始皇驾崩以后各地揭竿而起反抗秦的统治。秦在实现统一 15 年后短命而亡,咸阳毁于被秦灭亡的楚国将军项羽等人之手。刘邦是农民出身,在与项羽争战(楚汉之争)中取得胜利并建立汉王朝(西汉)。刘邦本欲建都于延续数百年的东周旧都洛阳,但采纳了其臣子们的进言:关中位于东函谷关、西散关、南武关和北萧关四关之内易守难攻,防御能力和农业生产力高。于是,刘邦在秦始皇扩建的渭水南岸咸阳旧址上筑起了长安。

长安得名于秦朝的旧地名,意为"长治久安"。

秦王朝在长安扩建、翻修行宫并修建新的宫殿。秦二世在位时修建了城墙并完成了都城的修建。

因秦朝扩建的咸阳以南半部为基础,秦朝的宫殿也位于南端,因而咸阳城形成了由南向北扩展的独特形状,城墙也因渭水和地形的影响而形成了不平衡的形状。北城墙形似北斗星,南城墙形

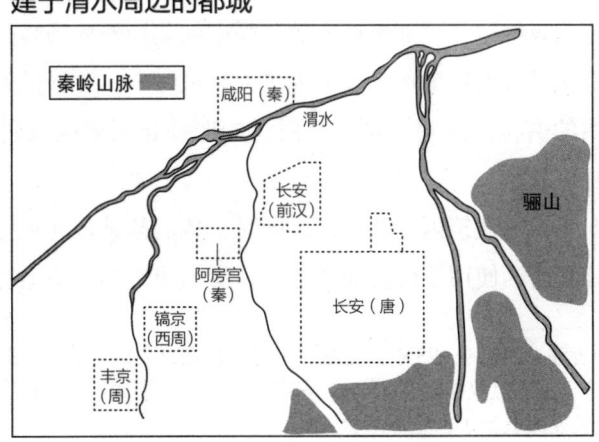

建于渭水周边的都城

似南斗星,因之又称其为"斗城"。宫殿周边的空地衙门、宫殿和衙门周边官吏的府第等建筑杂多,城市建设没有统一的规划。

公元 1 世纪,掌握实权的外戚王莽篡汉建立新朝,但是很快倒台于新一轮的农民起义。平复动乱的刘秀(光武帝)建立汉(东汉)朝,定都洛阳。关于定都洛阳的原因众说纷纭。例如,认为洛阳是神圣之地方,故而光武帝将权力根基放在洛阳,以及是因为长安城已成废墟等。

新朝①末期的内乱中成为废墟的长安在东汉时期逐渐重建起来。但东汉末期天下大乱,军阀董卓造逆挟幼帝迁都长安。董卓被杀以后其部下武将大肆毁坏长安。

东汉灭亡以后,迎来了诸王朝盛衰兴替长达 3 个半世纪的魏晋南北朝时期。长安在三国时期成为魏国的属地,并且在五胡十六国时期(主要由北方游牧民族建立的王朝)和南北王朝并立的南北朝时期都是王朝的都城。

周密的城市规划使统治正当化

公元 6 世纪,建都于长安的北朝中的北周外戚杨坚受禅让建立隋朝。长安作为首都改名为"大兴城"——源于杨坚在北周时期的爵位,新建在延续至西汉的旧都长安东南方向约 10 千米的地方。

旧长安的建筑因年久失修,同时土地的盐碱化导致生活用水盐分升高、使用不便,加之地处易受水患影响的低地等恶劣

---

① 译者注:新朝(9—23 年),是继西汉之后由西汉外戚王莽建立的朝代。公元 9 年,王莽废汉孺子(刘婴)为安定公,改国号为"新",建都常安(今西安汉长安城遗址),史称新莽。

条件，以及为防止外族入侵和应对人口增加有必要提高军事和治安水平，因此新都建于水资源得天独厚的秦岭山脉丘陵地带。

与旧都长安迥乎不同，大兴城是规划之城。中央北端是皇帝和皇后的后寝，后寝的南边是作为官衙的前朝，后寝和前朝用宫墙围起。从前朝的南端开始宽约 150 米的主干道朱雀门街一直向南延伸约 4000 米，其东西设有市场等，并以朱雀门街为中心呈左右完全对称状的街市延伸开来。街市划分为 110 个区，有墙有门像一个小型城市被称为"坊"，坊内住宅和寺庙等鳞次栉比。星罗棋布的街道被高约 5 米的城墙（外城墙）围起来。

大兴城的建造依据方位测定——根据太阳运行以及对北极星的观察等而定，决定南北中心轴和皇宫的位置，后修建皇宫和街道等。顺带说一下，外城郭工程始于隋朝第二位皇帝隋炀帝时期，一直持续到唐朝第三位皇帝唐高宗在位时期才竣工。

建造规模如此宏大的都城的原因要追溯到隋王朝的起源。隋朝皇帝的祖先是北朝的游牧民族鲜卑族；而另一方面，继承了从汉代以来的中国古典文化的南朝在民众心中具有其皇权的正统性。因此，统一南北朝的隋文帝为使隋朝的统治正统化，计划建造一座凝结中国自古以来传统思想的新都城。

例如，以阴阳思想等为基础的左右对称建筑格局，与儒家经典《周礼》中描述的理想城市相通的城市构造等不胜枚举。皇宫建于南北中心轴上象征着居住于此的皇帝是秩序的根源。《周礼》中理想城市的皇宫位于城市的中央，但大兴城位于中央的北端，究其原因，有紫薇星是天地的中心这一思想根深蒂固而将皇宫建于北端的说法，也有是为了利用南北轴实行王朝仪礼的说法，等等。

文化"大观园"

公元618年,隋朝在创立仅37年[①]后灭亡,由李渊(唐高祖)开创唐朝。唐朝继续将大兴城作为首都并更名长安。长安成为周边诸侯国都城的典范,日本也仿照长安城建造了规模为长安城四分之一的平城京。

此外,唐朝又新建了两座宫殿。因皇宫地势稍低导致盐碱灾害频发、水质恶化等原因,从7世纪前半叶到中叶在皇宫东北部高地处建造了第二座宫殿——大明宫;8世纪前半叶第六位皇帝唐玄宗在位时在靠近东市的地方修建了第三座宫殿——兴庆殿。

新宫殿的修建不仅打破了长安城左右对称、井然有序的城市布局规划,并且对居民的住宅划分产生了影响。官员集中居住在靠近大明宫和兴庆宫的朱雀门街街东的北部到中部,东市及其周边形成了以官员为主要顾客的高级商贸街,西市小规模的店铺鳞次栉比,并且街东的官员们在自然景观优美的街西中南部也拥有别院。

公元7世纪,唐朝击败游牧民族突厥,以此为契机征服西域的绿洲城市,扼守"丝绸之路"的交通要冲,长安发展为国际化色彩浓厚的都市。各国的朝贡使节和商人等聚集于此,伊朗系王朝(也称第二波斯帝国)萨珊王朝灭亡时很多波斯人移居长安,街西有西域人的聚居区。

在长安,不仅建有佛教的寺庙和道教的道观,还建有琐罗

---

① 译者注:此处作者写的为37年,有史料认为是38年。

亚斯德教①、基督教支派景教以及摩尼教等各教的教堂、寺庙等，其中为数最多的要数佛教寺庙。街东青龙寺的留学生日本空海法师，在此学习当时长安佛教界最新学说密教宗义，并在归国后开"真言宗"。中国小说《西游记》中三藏法师的原型玄奘，在大慈恩寺内建大雁塔用来收藏从印度带回来的佛教经典。大雁塔现今依然存在，从其塔顶可以俯瞰西安城市内。

长安城构造图

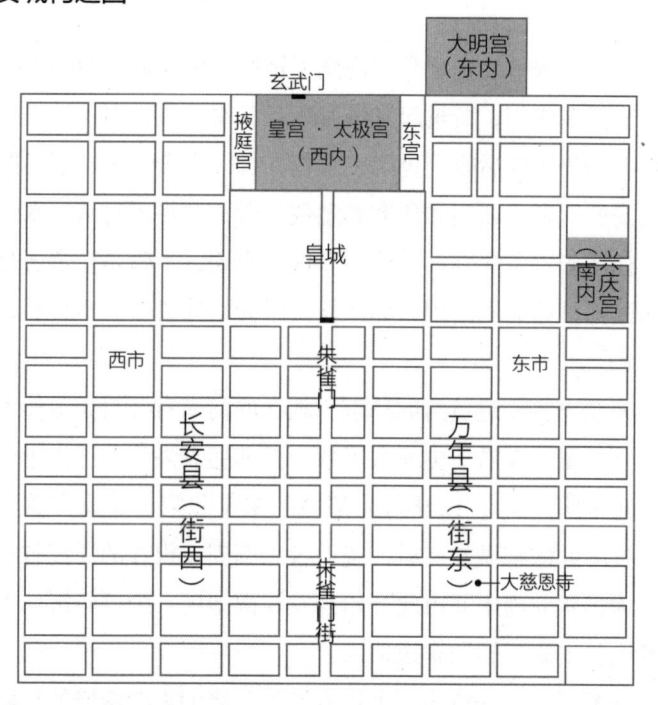

参考集英社《长安·洛阳故事》p70 图制作而成；
长安城的建设以中国古代思想为基础，城市格局规划周密，秩序井然

---

① 译者注：是流行于古代波斯（今伊朗）及中亚等地的宗教，中国史书也称之为拜火教。

日本派遣的遣唐使阿倍仲麻吕因才能出众得到唐玄宗的重用，也活跃在长安城。仲麻吕晚年没有回日本，最终逝世于长安。

唐玄宗在位时长安人口达到 100 万人，唐朝的发展进入鼎盛时期。但是唐玄宗专宠杨贵妃的杨氏一族大权在握，其后爆发以讨伐杨氏为借口的"安史之乱"，唐朝开始衰退。

西北地区的重要城市

尽管后来"安史之乱"得到了镇压，但政局依然陷入了混乱。公元 875 年，黄巢起义爆发。起义军将领朱温（后来的朱全忠）归降唐朝后得到重用，大权在握。朱全忠为迁都洛阳，将长安的宫殿、衙门和住宅等悉数尽毁，并将木材从渭水经黄河运往洛阳以备建新都时使用。这一时期，不管是皇帝还是一般居民都被移居到洛阳，如此长安沦为一片废墟。不久后，唐朝灭亡。

朱全忠将靠近黄河的汴京（现在的河南省开封市）作为都城建立后梁，随后历史迎来了数个王朝盛衰兴替的五代十国时期。10 世纪中叶，以开封为都城的宋（北宋）受北方游牧民族侵扰。北宋都城被破后，统治者以临安（现在的浙江省杭州市）为都建立南宋并由此开始开发江南地区。中国经济的中心逐渐由长安附近转向东南地区。

宋朝以后长安成为一个地方城市。唐朝末期修缮的皇城在元朝时期被先后改称为"定西城"——取意"安定西北地区"，"奉元城"——取意"尊奉元朝"，成为中国西北部的一个军事据点。13 世纪，马可·波罗游访长安，其后著有《马可·波罗游记》（《东方见闻录》）。

此后 1368 年建立明朝的朱元璋（洪武帝）的次子统治旧长安一带之际，将其改称为沿用至今的"西安"，此名和元代的安西城一样被赋予了"安西"的愿望。现存城墙的西墙和南墙依然可见唐朝遗风，而东墙和北墙则是在明朝时期增建的，如今作为西安标志性建筑的钟楼和鼓楼也创建于明朝时期。

1936 年，"西安事变"发生，国民党中的将领囚禁其领导人蒋介石，要求"停止内战，联共抗日"，由此促进了抗日民族统一战线的形成。

现在的西安成为中国西北地区的经济和产业中心，也是陕西省的省会。它因其厚重的历史被列为"中国六大古都"之一，和曾经通过遣唐使而产生联系的奈良市作为友好城市、京都市作为姐妹城市持续着沟通交流。

名城篇 微观世界史

巴格达-Baghdad
建于伊斯兰帝国鼎盛时期的"平安之都"

在沙漠占据大部分领土的阿拉伯地区,利用幼发拉底河和底格里斯河修浚运河围绕其城的巴格达,发展为城东西各色人种和商品聚集的水上城市。

作为阿拔斯王朝首都而繁荣发展的巴格达,虽在其后历经蒙古帝国、英国和美国等大国入侵,但是并未撼动其作为中东地区首屈一指大都市的地位。

现属国:伊拉克共和国
人口:约722万人(截至2019年)

神馈赠之都

位于底格里斯河沿岸伊拉克平原中部的巴格达，在巴比伦首都巴比伦城以北 90 千米处。伊拉克的大部分地区是夏季气温高达 50℃的沙漠气候，但包括巴格达在内的古代底格里斯河沿岸地区是被称为"Seward"的绿意盎然的粮仓。

公元前 8 世纪左右，古代美索不达米亚从事游牧和商业的亚兰人在此建造聚落。公元 3—7 世纪，统治中东地区的波斯帝国萨珊王朝时期将此地作为农作物的产地，巴格达这一地名就是波斯语"神馈赠之都"之意。

利用波斯的技术建造的圆形城市

公元 610 年，阿拉伯人穆罕默德创立伊斯兰教。伊斯兰教团组织取代萨珊王朝统治阿拉伯一带。穆罕默德的继任者"哈里发"是经过众议推选出来的。

第四任哈里发阿里去世以后，第五任哈里发穆阿维叶一族以叙利亚大马士革为首都创立倭玛亚王朝。另一方面，支持阿里一族的什叶派与多数派逊尼派对峙。

阿拉伯人因独揽倭玛亚王朝大权导致其治下的波斯人等异族的反抗日益激烈。公元 750 年，倭玛亚王朝被打倒，随之阿拔斯王朝成立。阿拔斯王朝原本以临幼发拉底河的库法为首都，但因与以此地为据点的什叶派在政治上产生争端，阿拔斯王朝的第二任哈里发曼苏尔考虑迁都。

鉴于位于底格里斯河沿岸的巴格达有河运便于交通运输并且作为军事驻扎地也十分安全，曼苏尔从多个候选地中选择了巴格达为首都。新都的建设始于726年，投入了约10万人的劳动力。

新都巴格达的建设于767年竣工，被称为"平安之城"。城市被直径约2.35千米的圆形三重城墙包围，中心的城墙高约34米。建筑材料是采用一边50厘米的砖瓦。因主要采用的是日晒的砖瓦，耐用性不如烧制的砖瓦，所以现今城墙几乎不复存在。

其后的伊斯兰文化圈的城市多为六角形或八角形构造，而巴格达圆形的城市构造似乎是仿造古代美索不达米亚的城市构造。

阿拔斯王朝继续提倡信徒间平等的伊斯兰教教义，除阿拉伯人以外的异族的人也可以身居要职。其在建造巴格达时重用波斯人的建筑师，王宫的宫廷布局等反映出波斯建筑的样式风格。

直径约1.8千米的中央广场建有宫殿和清真寺（伊斯兰教寺院），据说宫殿上覆盖有仿天球的绿色圆顶。后来的伊斯兰教文化圈城市，将清真寺建在中央、周围广布市场，成为约定俗成的建筑样式。但在巴格达考虑到维持治安的需要，市场和居民住宅建在城墙外，城墙内仅允许王族和高级军官居住。

从东、西方流入的文化产物

圆形的城市，像切比萨一样从中央广场延伸出来的4条大道将城市分为4个区域。

4条大道的端点有城门，始于东北"霍拉桑门"的大道通往波斯和中国；始于东南"巴拉士门"的大道经底格里斯河通往印度洋；始于西北"叙利亚门"的大道通往地中海沿岸的希腊和北非；始于西南"库法门"的大道通往阿拉伯半岛的伊斯

8—12世纪的巴格达城市

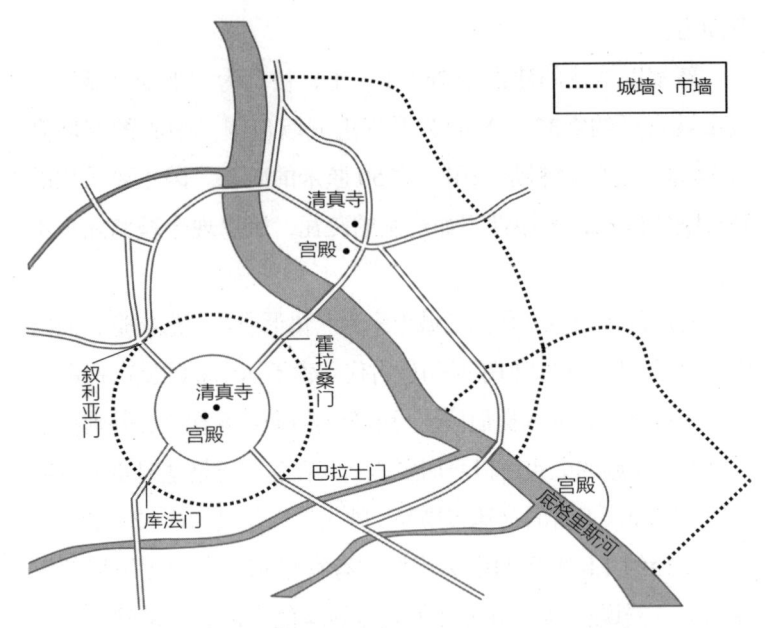

根据山川出版社《简明世界史 伊斯兰的城市世界》p15 图制作而成；随着时代的变迁，宫殿由底格里斯河的西岸迁移到了东岸

兰教圣地麦加。

在巴格达城市的外缘，修建了几条连接幼发拉底河和底格里斯河的运河，用以保障农业用水以及通过船只运输货物。

中世的巴格达作为连接西方东罗马帝国（拜占庭帝国）和东方唐朝的"丝绸之路"交通要冲，被称之为"世界十字路口"，众多商人和物资流入此地。曼苏尔为促进商业发展取消征收市场税。

在巴格达的市场，从中国和东南亚来的陶瓷器、绢织物和香料，印度来的铁，中亚来的琉璃和织物，东欧来的蜂蜜、琥珀、毛皮和奴隶，非洲大陆来的象牙等各种商品都汇集于此。他们将中亚的棉织物从业者和北非的奴隶商人等根据职业和出生地划归在不同的街区。

国际都市巴格达，以阿拉伯人为首，犹太人、波斯人和北非的柏柏尔人等人来人往。曼苏尔在域内主要城市建立以马为交通工具的交通网，构筑起将各地情报传达给哈里发的情报网。因此巴格达成为传递中东和地中海沿岸、亚洲各地统治者动向以及风俗和传承等情报的集聚地。这也成为其后收录在《一千零一夜》（《天方夜谭》）里各种故事的原型。

公元786年，第五任哈里发哈伦·拉希德即位，阿拔斯王朝迎来了鼎盛时期。据推测，当时巴格达人口达100万—200万人。同一时期东罗马帝国的首都君士坦丁堡的人口不过30万左右，巴格达与长安同为世界最大型的都市。

根据伊斯兰教的教义，保持身体清洁是信徒的义务，但因个人住宅很少有浴室，所以伊斯兰文化圈大都市的公共浴场就成为市民的社交场所。与罗马帝国的浴场相同，这里主要也是蒸浴，据说，哈伦在位时期仅巴格达的公共浴场就多达3万所。

哈伦致力于振兴艺术和文化，从埃及的亚历山大图书馆收集数学、建筑学、哲学和医学等东罗马帝国的文献，藏于巴格达大图书馆。哈伦之子马蒙在位时期将巴格达大图书馆进一步扩充，它也被称为"智慧之馆"。中东各地的学徒会集于此，在11—13世纪通过入侵伊斯兰文化圈的"十字军"，使古代希腊、罗马的学术反哺西欧并在西欧得以发展壮大。

因奥斯曼帝国得以复活

巴格达城市发展中存在着人口虽在不断增加，但被圆形城墙围绕的城市无法扩大的问题。哈伦去世后城墙毁坏于813年的内乱，城市中心迁移到底格里斯河东岸。第八任哈里发穆塔西姆时期，首都巴格达四周土耳其人雇佣兵激增，于是穆塔西姆在距巴格达以北100千米的萨马拉修建新都。

进入10世纪，阿拔斯王朝地方权贵独立，在北非以开罗为首都建立了法蒂玛王朝。此后，阿拔斯王朝逐渐衰落。1258年，蒙古帝国入侵，巴格达城遭到彻底摧毁。因此，阿拔斯王朝时期的城墙和街道等如今几乎已荡然无存。

16世纪，中东伊斯兰文化圈的大部分都在土耳其裔奥斯曼王朝的统治之下，巴格达城被重建。奥斯曼王朝屡次击退萨法维王朝（波斯第三帝国）的入侵，保护了巴格达。

重现昔日的繁华

19世纪末，为抗衡企图在中东扩大势力的英国，德国密切关注作为连接本国和波斯湾的交通要冲巴格达，计划铺设连接柏林、拜占庭（现在的伊斯坦布尔）和巴格达的巴格达铁路。

就在巴格达铁路尚在建设时，1914年世界第一次世界大战爆发，英国进攻伊拉克并占领巴格达。大战结束后，伊拉克的阿拉伯人从奥斯曼帝国独立的意愿愈发强烈，并于1921年以巴格达为首都成立伊拉克王国。但国民不满王室追随英国的呼声日益高涨，1958年通过革命推翻了王室政权成立伊拉克共和国。

革命前后巴格达人口激增，1947年约50万人口的巴格达在1965年激增到150万人。其原因是石油产业的发展给城市提供了更多的就业岗位，大量附近的农民入城务工。

进入21世纪以后，2003年，伊拉克战争爆发（第二次海湾战争）。其后在政府军与武装组织ISIL（伊拉克和黎凡特伊斯兰国）的抗争中，巴格达遭到破坏，社会陷入严重的动荡不安之中。ISIL影响力减弱以后这里又开始人潮拥挤，在此举办的国际展销会更是吸引了数十万参观者前来。巴格达又恢复了昔日的繁华。

微观世界史 名城篇

京都—Kyoto
日本之中心"千年古都"

京都，现在仅作为旅游城市而受到关注，但从平安时代开始的很长一段时期，它一直是日本的首都。

平安时代日本实行以天皇为中心的贵族政治，到了室町幕府时代则是武家政权。

作为首都的京都屡次成为战乱之地，但战乱过后也每每能实现复兴。

现属国：日本
现人口：约150万人（截止到2019年）

"四神相应之地"是决定性因素

过去被称为"平安京"的京都位于三面环山的京都盆地，794年10月，桓武天皇下令迁都于此。

平安京以前都城平城京为世人所熟知。考虑到在平城京支持天武天皇一脉的贵族以及既有的佛教势力根结盘踞，加之水利不兴，与天武天皇对立的天智天皇一脉的桓武天皇于784年迁都长岗京。

但深受桓武天皇信任并委以迁都重任的大臣藤原种继遭到暗杀，桓武天皇怀疑其胞弟早良亲王参与了此次事件而将其流放至淡路。押送途中早良亲王为证明自己清白无辜，绝食而亡。

接着，桓武天皇的生母及皇后等亲近之人相继病亡，并且还发生了洪水、饥荒和疫病等灾害，于是人们认为这些灾害是早良亲王的怨灵作祟。因忌惮怨灵，桓武天皇决意迁都并选中了京都盆地。

选中京都的原因是京都与源于中国的置守护神于各方位的"四神相应"条件相吻合。"四神相应"这一思想为当时的日本所信奉。北有岩（玄武）、东有川（青龙）、南有大池（朱雀）、西有街道（白虎）之地是建都的不二之选。京都盆地北有舟岗山、东有鸭川、南有巨椋池（现已干涸消失）、西有山阴道，前来视察的首任造宫太夫藤原小黑麻吕深以此地为佳。

仿长安而建城

竣工的平安京南北约5.3千米，东西约4.5千米，呈长方形。大内里（皇居）建于北部，朱雀大路由此处向南延伸，形成了东"左京"、西"右京"这样两个同等规模的区划。

平安京参考中国唐王朝时期的首都长安而建,其左京也称为"洛阳城",右京又称为"长安城"。

左京和右京有24条大路和48条小路。大路宽以朱雀大路为首约85米,其他为约50米、36米、30米、24米共5个规格。另一方面,小路的宽度统一为约12米。

平安京构造图

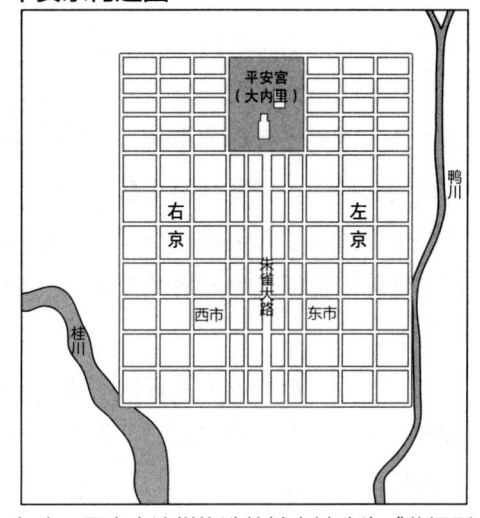

长安和平安京这样构造的城市被称为"北阙型城市"

此外,这些东西、南北纵横交错的道路被分别命名,比如一条大通、押小路通、锦小路通等。

由大路和小路划分的区划是行政区。从北向东西延伸的主干道被依次称为"一条、二条……";左京和右京由大路、小路所划分的列为"一坊"等。这种区划被称为"条坊制"。

在条坊制中一条分为四坊、一坊分为四保、一保分为四町(一町约为120米见方),也就是说一条由64町构成。现在京都市内的住宅区依然以条坊制为基础。

衰落的"右京"、繁华的"左京"

迁都大约100年后,位于西侧的右京逐渐衰落荒废。究其主要原因，是由于桂川沿岸的右京建于湿地上易发生湿地性疟疾等，导致人们纷纷逃往左京。

大量人员流入的左京逐渐繁荣起来，城市区域扩展到一条通以北并增修了大路和小路。南北走向的西洞院大路越过一条大通向北延伸。又新增修了东西走向的武者小路和北小路（现在的今出川通）等道路。左京越过鸭川向东侧扩张。二条大路向东延伸至白河产生新的城市区域，贵族和官员的官邸等都建造于此。

武士势力抬头的平安时代末期，平家建造了"六波罗地"（相当于现在的六波罗蜜寺）为大本营，其周边武家的房屋也鳞次栉比。

到了镰仓幕府时代，都城的中心转移到左京（洛阳城）。因城市构造发生了变化，平安京这一称呼便逐渐被弃用，取而代之开始使用"京""都""京洛""京都"等称呼，去京都也开始称为"上洛"。因允许在城市建造寺院，在室町幕府时代，京都也建造了以禅宗为首的日莲宗等新兴宗派的寺院。

1336年建立的室町幕府，在第三代将军足利义满在位时政权稳固，工商业从业者在町小路（今新町通）等地开店铺。到15世纪，京都也开始具备商业都市的特征。

人口增长的京都对町进行了重新规划，16世纪，基本上以二条通为界形成了南"上京"、北"下京"这样的两大格局。

本以为京都会这样一直发展下去，但1467年爆发了以权势大名和幕府将军继承人之争等为开端的"应仁·文明之乱"。战争持续了十余年，因公家和武家的宅邸林立而成为主战场的上京沦为一片废墟，100町3万余户房屋被付之一炬，而以工商业者居多的下京则受灾较轻。

丰臣秀吉的城市改造计划

在本能寺打倒织田信长实现一统日本的丰臣秀吉,对百废待兴的京都进行了大规模的再建。

首先,在大内里遗址上建造了在京都的居住地"聚乐地"(毁坏于处分其侄子秀次后)。接着,在上京和下京之间的南北道路上每隔半町修建新的道路,恢复条坊制。京都的区划最初给人以棋盘格局(正方形)的印象,但由于当时的划分方法又形成了南北狭长的区划(条形)。

在城市周围以防御和治水为目的修筑了全长约23千米的称为"御土居"的土垒,定御土居内侧为洛中、外侧为洛外。

紧接着掌握政权的江户幕府在京都修建了二条居作为幕府直辖地保护其产业的发展。一般认为,对西阵织的精心保护是京都复兴的关键。京都富商角仓了以开凿了连接京都和伏见的运河(高濑川),使物资可以从大阪经由淀川运往京都市内。基础设施不断完善的京都人口增加到35万人,发展成为仅次于江户和大阪的城市。

到了江户时代后半期,丰臣秀吉重建后的京都掀起了一股徜徉于神社佛阁和古迹的旅行热,人们开始享受在京都旅游观光。

幕府末期的京都成为推进开国的幕府和"尊王攘夷派"长州藩士以及武士们斗争的舞台,社会治安不断恶化。1864年,幕府军等和长州藩士在京都御所附近发生冲突引发"禁门之变"。1867年,江户幕府第十五代将军德川庆喜实行大政奉还,江户幕府的统治结束。但新政府军和旧幕府军在京都郊外遭遇时,爆发了成为戊辰战争开端的——鸟羽·伏见之战。

戊辰战争中江户城兵不血刃开城以后，明治政府首脑层开始真正讨论迁都。此时，因可以继续使用江户时代的政府办公厅而首选迁都江户（东京）。1868年，天皇移居东京，京都失去了作为首都延续长达1000年的历史功能。

京都在第二次世界大战中免于战火，作为具有悠久历史的都城，其成为旅游城市吸引着世界各地的游客慕名而来。

名城篇

微观世界史

撒马尔罕—Samarkand
连接东方与西方的丝绸之路要冲

在欧亚大陆中央零星散布着围绕小绿洲的城邦，它们作为丝绸之路贸易网的中转地而繁荣起来。其中撒马尔罕与中国的唐朝以及伊斯兰文化圈的阿拔斯王朝等多个大国都有着密切的联系。

15世纪，统治着今印度北部到土耳其的帖木儿王朝时期，撒马尔罕是伊斯兰文化圈的中心。

现属国：乌兹别克斯坦共和国
人口：约32万人（截至2019年）

亚历山大大帝赞不绝口的风景

公元前4世纪的亚历山大三世(亚历山大大帝)、《西游记》中三藏法师的原型唐王朝僧人玄奘,他们分别从西方和东方来过位于中亚乌兹别克斯坦东部的撒马尔罕这座城市。

乌兹别克斯坦,位于中国的西方、印度和伊朗的北方、里海的东方。虽然是气候干燥的高原地带,但在以塔吉克斯坦的阿拉伊斯基山脉为水源的泽拉夫善河流域却零星分布着绿洲城市,撒马尔罕就是其中之一。

撒马尔罕位于海拔约700米的山地上,因水和植被资源得天独厚,公元前6世纪开始有村落建于此地。根据希腊史料记载,这是一座被称为"马拉坎达"的粟特人城市。据说公元前327年左右,亚历山大大帝在远征波斯的途中路经此地,曾盛赞撒马尔罕:"就像听说的那样美丽,甚至更美丽。"

公元前2世纪,中国汉王朝与包括撒马尔罕的中亚绿洲城邦缔结关系。不久,确立了从东方出口丝绸、纸张、陶器等商品和从西方出口军马、玻璃制品、宝玉,医术和佛教经典文献等商品的丝绸之路贸易。因斡旋此事的是伊朗(波斯)裔的粟特人,故而当时的泽拉夫善河流域被称为粟特。

中世最大的特产"纸"

公元7世纪,为求取佛教真经而赴天竺(印度)的玄奘,翻过天山山脉从撒马尔罕南下到达天竺。隋唐王朝的史书将撒马尔罕一带的绿洲城邦称为"康国"。

撒马尔罕周边的一大势力粟特人信奉琐罗亚斯德教,但8

世纪倭玛亚王朝从西方入侵,伊斯兰教开始普及,粟特人固有的文化逐渐衰落。

公元751年,从西方入侵的阿拔斯王朝与唐朝的军队发生冲突,并在塔拉斯河畔爆发战争。以此为契机唐朝的造纸法传入西方。自此撒马尔罕成为伊斯兰文化圈屈指可数的造纸名产地,并且一直延续到19世纪。造纸的材料原本是麻,但随后逐渐开始使用桑的纤维。撒马尔罕的纸在阿拉伯半岛和埃及被誉为"王纸",很受珍视。

11世纪末,伊斯兰王朝的花刺子模王国统治着从中亚到希腊的区域,撒马尔罕是其首都,但1220年蒙古军入侵后遭到彻底破坏。这一时期撒马尔罕的中心位于北部阿弗拉沙布山丘一带,但目前仅存少数遗迹。

伊斯兰文化圈的中心地

席卷欧亚大陆的蒙古帝国不久后便分崩离析,1370年成立了以撒马尔罕为都城的帖木儿王朝。王朝的创始人帖木儿是一个受土耳其文化影响的穆斯林,但他完全继承了蒙古人的血统,沿袭了蒙古帝国的军事组织和政治制度。

根据15世纪著有帖木儿传记的历史学家阿里·雅兹迪的说法,当时撒马尔罕一带被誉为"草原舒适宜居,树木葱翠欲滴,建筑坚不可摧,水流平波缓进"之地。

在撒马尔罕的历史上,"成吉思汗是破坏者,帖木儿为建设者"。帖木儿以列吉斯坦广场为新城中心,在广场上开集市。列吉斯坦意为"沙地",是由运河带来的泥沙在此沉积凝固而形成的。帖木儿从印度北部到今土耳其的控制地域上,将大量的学者、技工以及艺术家等移居撒马尔罕，并在此修建了伊斯兰神学院等设施。

帖木儿经常在外征战，他在其出生地——撒马尔罕以南约80千米的渴石城另建了一座都城。帖木儿在撒马尔罕和渴石之间修建主干道，并为外国使节修建迎宾馆等设施。他还在撒马尔罕附近建立了以阿拔斯王朝的都城巴格达、倭玛亚王朝的都城 Dimashq（大马士革）和法蒂玛王朝的都城 Miṣr（开罗）等命名的卫星城。这反映了他将撒马尔罕定位为伊斯兰文化圈中心的世界观。

撒马尔罕的雷吉斯坦广场

受到高度评价的天文学

撒马尔罕的象征性建筑是古尔·埃米尔陵墓。陵墓原本是为帖木儿之孙穆罕默德修建的，但随后帖木儿在入侵中国明朝途中去世，因而也埋葬于此。蓝色圆顶内壁装饰采用用印花压印上色这样中亚独有的工艺，使用了重达3公斤的黄金。此外，以清真寺（伊斯兰教寺院）为首的许多建筑物也大量使用钴等颜料的蓝色装饰，因此撒马尔罕也被称为"蓝色之都"。

此外，帖木儿之孙兀鲁伯在撒马尔罕郊区建造了一个天文台，这是15世纪时世界上最精确的测量一年时间长度的建筑物。而且，还根据这个天文台的观测制作了测定1018颗恒星位置的天文表。它还传到欧洲使用，显示了帖木儿王朝文化水平之高超。

16世纪，帖木儿王朝被土耳其裔乌兹别克人覆灭。乌兹别克人建立的昔班尼王朝不久迁都西方的布哈拉，撒马尔罕因此衰落。到了19世纪，沙皇俄国控制中亚，在撒马尔罕老城西侧建立了俄罗斯人街。从1917年俄国革命前后开始，撒马尔罕一带棉花产业发达，20世纪20年代的数年间它成为后来加入苏联的乌兹别克苏维埃社会主义共和国的首都。

20世纪40年代，为支持咸海周边棉花产业发展，苏联大量使用两条注入咸海的河水，结果导致曾是世界第四大海的咸海在50年间缩小为原来的十分之一。

有着悠久历史的撒马尔罕的民族构成很复杂。虽然在乌兹别克斯坦的乌兹别克人占总人口的80%，但在撒马尔罕与伊朗有着共通语源的波斯裔塔吉克人占多数，也有少数从西方迁来的亚美尼亚人和犹太人。20世纪30年代，也有部分朝鲜人因时局迁徙到撒马尔罕等中亚城市。

1991年，乌兹别克斯坦独立以后，在苏联时期被压制的民族主义复兴，开始着手对古代和中世纪的遗迹进行修复。

微观世界史 名城篇

吴哥—Angkor
寺院宏伟壮丽、掩埋于密林深处的城市群

包括柬埔寨著名旅游景点吴哥窟、占地广阔的吴哥古迹，曾是高棉王国首都和信仰圣地。

掩埋于密林中的石砌寺庙证明了国王的虔诚信仰，同时也说明了当时王朝之繁荣，文化水平之高超。

现属国：柬埔寨王国
人口：——（现已不存在此城）

寺院的建造显示国王之权力

世界文化遗产吴哥窟遗址,距柬埔寨首都金边50分钟机程,位于占地面积是琵琶湖4倍(雨季为16倍)的洞里萨湖东北。

印在柬埔寨国旗上的吴哥窟古迹虽闻名遐迩,但它只是吴哥窟遗址这一大型古迹群其中之一。吴哥以"吴哥城"为中心,是一座林立着近50栋建筑物的大型城市。

成立于9世纪初的高棉王朝建造了吴哥。生活于今柬埔寨周边的民族高棉人在6世纪建立了真腊国,当时处在越南南部最有势力的扶南国统治之下。真腊在阇耶跋摩二世时实现了独立,在今天吴哥窟以北30千米处的金边·库伦山上即位建立了高棉王朝。

高棉王朝代代以吴哥为都城,吴哥意为"王都"。国王即位后建造新寺院成为惯例。究其原因,是高棉王朝并非世袭制而是凭实力争夺王位。新国王不愿意在上一任国王建造的寺院里祭祀,因而一即位就开始建造新的寺院。高棉王朝信奉印度教,国王通过建造新的寺院来宣示自己的正统性、信仰和财力。

与大型建筑物紧密配合的治水

在历代国王中,于1113年即位的苏里亚瓦尔曼二世,曾进军泰国和马来半岛构筑起高棉王国的最大版图。苏里亚瓦尔曼二世还建造了以"吴哥窟"为首的众多寺庙。

不久,高棉王国受到越南中部占婆王国的入侵而衰落,但1181年即位的贾亚瓦尔曼七世卷土重来,在吴哥窟以北建造了一座新城市——吴哥城。吴哥城是一座规模与江户城大致相当的要塞城，城市建在一侧长约3000米的护城河内。8米高的城墙包围都城，周围环绕宽100米的护城河以保护国王和臣民。大型的护城河（巴拉伊）从以北部的库伦山为源流的暹粒河引水。

吴哥古迹群

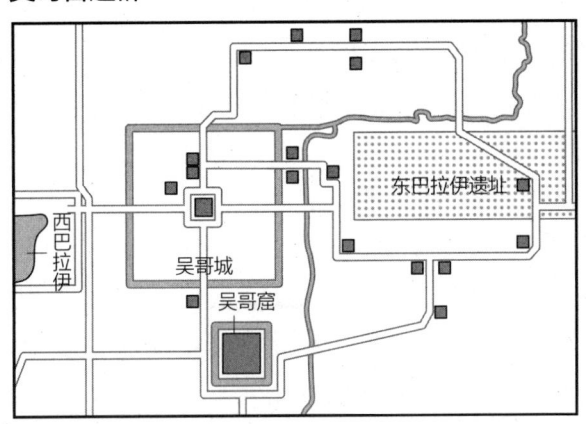

东西巴拉伊周边，散布着历代国王建立的寺院和首都

之所以将此地作为都城，是因为此地由库伦山冲积而来的大量泥沙形成冲积扇，是一片肥沃广袤的平原，加之地处热带，是一年三熟的富饶之地。但这里也存在干季缺水、雨季洪涝的问题。因此国王在吴哥城的东、西分别建造名为巴伊拉的巨大蓄水池，并修建了灌溉渠和护城河。多亏这两个大蓄水池，使四周水田遍野，高产的粮食成为王朝的有力支撑。

顺带提一下，贾亚瓦尔曼七世是佛教教徒而不是印度教教徒。因此吴哥城建造了大量佛教寺院的同时，也形成了加入印度风格的独具特色的高棉美术。

一跃成为神秘的城市

盛极一时的高棉王朝因一次次兴建寺院使财政不堪重负，加之继承人之争的激化而逐渐走向衰落。14世纪后半叶，以今泰国中部大城府为都城的大城王朝建立并入侵高棉王朝，吴哥城沦陷。

16世纪以后，因西方入侵，柬埔寨经历了一段长时间的黑暗时代。吴哥城被废弃掩埋于生长迅速的热带植物覆盖的密林之中，甚至于人们已渐渐遗忘了它的存在，并且民众的宗教信仰也由印度教转向佛教（主要为上座部佛教），吴哥窟只是作为佛教寺院而隐秘地存在着。

吴哥再次受到关注是因1860年法国博物学家亨利·穆奥造访并向全世界介绍了吴哥。对西方人来说，有着众多的堂塔、大象也能通过的石砌回廊、精美的浮雕等建筑，位于密林深处的吴哥遗址是个神秘的地方。

但是第二次世界大战结束以后，柬埔寨陡然发生内战，政府军以吴哥窟为主铺设了为数众多的地雷。直至内战结束的20世纪90年代，吴哥才成为任何人都能轻易涉足的地方。

现在的吴哥正进行着地雷排除工作，包含遗址周围方圆4平方千米的地方作为自然公园被保护起来，并着手修复年久失修的建筑物。吴哥周围零星分布着100多个村庄，这里的人们依然过着古老原始的生活。

微观世界史

名城篇

突尼斯—Tunis
拥有3000年历史的地中海十字路口

历史上几经易主的城市有很多,其中,突尼斯因地处地中海要冲尤其引得各方势力纷至沓来。

由古代腓尼基人建立的城邦迦太基(属今突尼斯),经历多个不同民族的统治后,在近代被划入法国的统治范围内。时至今日突尼斯依然保留着各个时代的文物古迹和街道,并作为非洲大陆上首屈一指的国际都市而大放异彩。

现属国:突尼斯共和国
人口:约69万人(截止到2019年)

钳制地中海的海洋国家之都

说起地中海的要冲,以罗马为首的欧洲一侧的城市十分有名,但除此以外代表非洲大陆一侧的城市则有突尼斯首都突尼斯城。

与近邻阿尔及利亚和摩洛哥一样,突尼斯内陆撒哈拉沙漠一望无际,但海岸线附近的地区则是绿意盎然,年平均气温高达 24℃的温暖的地中海式气候。

宽约 64 千米的突尼斯湾是天然良港,突尼斯城位于港湾深处,面向筑有堤防以防止海水倒灌的突尼斯湖。从地图上看就可以一目了然,突尼斯和位于意大利半岛顶端的西西里岛相距不过 120 千米,和西西里岛以西的撒丁岛也非常近,可以说距欧洲是近在咫尺。

位于突尼斯的世界文化遗产"杰姆的圆形竞技场"

古代突尼斯一带居住着原住民柏柏尔人，但大约公元前12世纪开始，腓尼基人逐渐进入此地。腓尼基人来自今叙利亚、黎巴嫩周边，很早就将贸易网扩展到地中海，建立了作为从希腊到北非沿岸各地通商据点的城邦。

传言公元前814年，来自黎巴嫩图洛斯的腓尼基公主狄多（幼名艾丽莎）在今突尼斯北部建立了城邦Cult·Hadasht（意为"新城"）。古罗马使用的拉丁语称之为"迦太基"，当地的腓尼基人则称之为"布匿"。

迦太基发展为连接地中海东西南北的海洋国家。以邻近的西西里岛、科西嘉岛和撒丁岛为首，迦太基在地中海各地建造卫星城，出口北非产的水果、木材、象牙等，将伊比利亚半岛产的金、银、铜等金属运往东方，从中赚取巨额利润。据说早在公元前5世纪左右，迦太基城就已经建造为棋盘状秩序井然的城市。

持续百年以上的抗争

迦太基的腓尼基人经常与同样在地中海各地建造卫星城的希腊人争战。另一方面，也有些人吸收了希腊文化并留学于公元前4世纪哲学家柏拉图在雅典建立的学园——阿加德米。当时成立于意大利半岛的罗马共和国与迦太基缔结了友好关系，但后来又围绕地中海制海权问题发生冲突。

公元前264年，迦太基与罗马之间爆发了第一次布匿战争，罗马夺取了西西里岛。公元前218年爆发了第二次布匿战争，迦太基名将汉尼拔经伊比利亚半岛从阿尔卑斯山脉进攻罗马，在意大利南部坎尼会战中大败罗马军队。但罗马将军西庇阿却

突尼斯—Tunis

趁此机会攻打迦太基本土并取得了胜利。不久，迦太基重整旗鼓恢复了实力，但在公元前149年开始的第三次布匿战争中罗马军队征服了迦太基，彻底摧毁了迦太基城。

此后，迦太基成为罗马的一个属州被开辟为粮仓。罗马在此广泛种植葡萄和橄榄并建造起罗马式大型公共浴场和圆形剧场。此外，也有很多罗马人移民迦太基。4—5世纪，受希腊哲学影响并以其《上帝之城》等著作对后世影响深远的基督教神学家奥古斯丁在迦太基度过青年时期。

公元439年，日耳曼裔的一支——汪达尔人占领迦太基，此后不时与罗马人兵刃相见。公元6世纪，东罗马帝国（拜占庭帝国）消灭了汪达尔人建立的王国，并将迦太基一带纳入其统治之下。

中世伊斯兰文化圈首屈一指的国际都市

公元698年，信奉伊斯兰教的倭玛亚王朝征服北非。在倭玛亚王朝的统治下，城市中心由迦太基迁至今突尼斯并使来自埃及的基督徒移居于此。当时建成的街区就是今突尼斯西南部被称为"麦地那（旧城）"的地区。公元732年，突尼斯最具代表性的伊斯兰建筑宰图纳清真寺竣工，而其大厅使用的184根柱子就是从迦太基遗址上运来的。

此后，在北非从阿拔斯王朝独立出来的阿格拉布王朝、法蒂玛王朝和摩洛哥的穆瓦希德王朝等伊斯兰王朝此消彼长，频繁更迭。这一时期突尼斯作为地中海贸易据点兴盛起来，发展成为一座国际色彩浓厚的城市。此处的阿拉伯商人、欧洲战俘，以及来自东方的波斯人、犹太人和非洲内陆的黑人等人来人往。

公元11—12世纪，由于没有统治突尼斯的强有力的王朝，突尼斯暂时像意大利半岛的威尼斯和佛罗伦萨一样，采取由大商人、工匠师傅和贸易船船主等强有力的市民组成的自治体制度。但到了13世纪，从穆瓦希德王朝分裂出来的哈夫斯王朝开始统治突尼斯。公元1270年，第八次十字军从法国进攻突尼斯，哈夫斯王朝将其击退，法国国王路易九世病逝于突尼斯。

现在的突尼斯中心市区

与周边近代的城市建筑不同，麦地那依然保留着古老的旧城建筑

14世纪时突尼斯人口达到约3万人，中世纪伊斯兰文化圈代表性人物历史学家伊本·赫勒敦登上历史舞台。出生于突尼斯的赫勒敦曾周游北非、阿拉伯半岛以及中亚等地，并著有将希腊和罗马也纳入其视野的哲学著作《历史绪说》，在后世的欧洲也受到高度评价。

与欧洲深入交流

公元1574年，突尼斯成为奥斯曼帝国属州。在此前后伊比利亚半岛被基督教教徒驱逐的穆斯林大量涌入突尼斯。奥斯曼帝国时期，他们依然与地中海各地保持着深入的交流。在治理突尼斯的地方长官拉斯拉姆家族的宅邸中，使用了意大利产的大理石做成的柱子以及西班牙南部安达卢西亚产的瓷砖等。

进入19世纪后，奥斯曼帝国领土逐渐被欧洲列强蚕食鲸吞。公元1883年，法国将突尼斯列为其保护地，当时突尼斯人口已达12万左右。这一时期城市东侧面向突尼斯湖一带没有城墙，来自法国的殖民者首先在这一区域建立城市并拆毁围绕旧城的城墙，修建了一个呈放射状延伸的巴黎风格的新城区。亚洲和非洲的殖民地中，有许多城市原有的老城区和近代以后由欧洲人建造的新城市，在城市区划和道路宽度等方面迥乎不同，但突尼斯是个特例，它的新城市和旧城市之间的道路连接十分顺畅。

20世纪30年代前后，有许多法国和意大利的建筑师造访作为法国殖民地的突尼斯，建造了许多装饰讲究、极具个性艺术风格的建筑，如安巴纳大道和卡尔塔什大道的集体住宅。

突尼斯虽然于1956年从法国独立出来，但因依然与欧洲保持着密切的联系而作为旅游胜地备受欢迎，对外国文化开放包容的态度也为其现代居民所继承。

微观世界史
名城篇

北京—Beijing
从地方都市蜕变为中国首都

　　北京是世界上人口最多、面积广阔的首都，围绕皇帝曾经生活过的故宫（紫禁城）老式建筑和现代建筑，旧貌新颜并存，在成功举办奥运会后依然日新月异地不断向前发展着。

　　北京到底是在什么时候、为什么成为首都的，又经历了怎样的历史呢？

现属国：中华人民共和国

人口：约2000万人（截至2019年）

从北京猿人的居住地到战国时代的王都

1929年，在今北京西南房山区发现了远古人的头盖骨化石。依据化石分析，将生活在这一时期、这一地区的人类称为"北京猿人"（Sinantropus pekinensis），当时被认为是人类的祖先之一。现在随着研究的不断深入，发现"北京猿人"是与人类祖先智人不同种类的直立人。

随着时间不断推进，人类文明得以构建，国家体制不断完善。公元前1100年左右，中国建立了周王朝（西周），被周王分封为诸侯的君主在今北京市房山地区建立了一个名为"蓟"的国家。一般认为"蓟"得名于蓟花怒放。

西周王朝灭亡后东周王朝兴起，随之东周也逐渐衰退，历史进入诸侯争霸的春秋战国时代。在包含蓟的华北一带一个名为"燕"的国家势力不断扩大，它消灭蓟后迁都至蓟境内。其后，燕发展为"战国七雄"之一。

之所以建都于蓟是因其为平原和山地交汇的交通要冲，并且水源能够得到保障。首都大小为东西830米、南北600米。由于曾经是燕国的都城，现在北京仍被称为"蓟城""燕京"及"燕城"等。

公元前222年，在"战国七雄"中实力最为雄厚的秦国嬴政（后来的秦始皇）的命令下，燕被攻灭。蓟城从此成为地方都市。

从秦国都城咸阳（今陕西省西安市）来看，蓟地处边陲，但因其农作物产量高，加之曾作为北方抵御匈奴的防卫据点和贸易交通要冲而繁荣发展起来。汉朝以后蓟成为华北地区的中心。

公元610年，隋朝第二位皇帝隋炀帝修筑南北连接黄河和长江的京杭大运河。大运河北方的起点就是蓟城。

首都北京之下众多的"北京"

从现在的中国地图上也可以看出，作为首都的北京从整个中国看来靠近东北部。从北京到曾经的边境线万里长城驱车不过1小时左右，比起经济发达的城市上海和香港，北京距蒙古国更近。

中国称首都为"京"，而北京一如字面意思即为"北方之都"之意。至唐王朝为止，黄河中部流域（中原）是历代王朝的中心地，历来将长安和洛阳作为首都。

此外，以首都为中心，将其东西南北以首都为标准分别定为东京、西京、南京以及北京等主要城市。因此，唐王朝把今山西省太原市称为"北京太原府"；北宋王朝把今河北省邯郸市称为"北京大名府"。

少数民族政权下不断改名

实际上历代以地方都市蓟城为都城的是不时从北方入侵的少数民族政权。公元10世纪，不断在北方扩张势力的契丹族建立了辽朝。这一时期北京更名为"燕京"，与其周边地区（燕云十六州）在辽朝统治之下。

在这种情况下，以一统中国的汉族为中心的宋朝（北宋）为夺回燕云十六州举兵未果，反倒因辽南下入侵，签订了辽尊宋为兄作为交换、宋每年向辽赠送巨额贡品的"澶渊之盟"。

北京—Beijing

此时燕京被定为辽的南都城改称"南京"。之所以称为"南",是因从辽的统治区域来看燕京地处南方。

其后辽国式微,女真族旋即于1115年建立金朝。金与北宋共同灭辽,但由于北宋违背协定,1126年,金占领北宋都城汴京(今河南省开封市),将北宋皇亲贵胄等掳走("靖康之变")。幸免于难的北宋皇族及遗民逃往南方再建宋朝(南宋)。另一方面,控制了中国北半部的金迁都南京,改称为"中都(燕京)"。但1215年中都也因受蒙古帝国军队入侵而沦陷,1234年金朝灭亡。接着,1279年,元国第一任皇帝忽必烈下令进攻南宋,南宋也随之覆灭。

统一了中国,成为元朝开国皇帝的忽必烈,于1267年将元朝都城迁至中都,将新都命名为"大都"。

游牧民族建造的北京原型

可以说,对于大多数蒙古人来说,大都(北京)是他们首次见到的大都市。以游牧和狩猎为生不断迁徙而居的游牧民族,并没有在城市定居的概念。起初他们甚至试图摧毁所占领的城市,但与辽的旧皇族暗通关节成为忽必烈重臣的耶律楚材,从提高税收这一角度力主产业的重要性以及大城市的必要性。

对于控制了蒙古高原以及中国其他广大地域的元朝来说,位于蒙古高原与其他地区中间地带的大都(北京)可以说是个绝佳的地方。历代的元朝皇帝夏天都在凉爽的蒙古上都,冬天则在比上都温暖的大都度过。大都采用拥有先进文化的历代中国王朝的建筑方式,用约28千米的城墙包围城市外围,实现了向大型都市的蜕变。

与长安等历代王朝的都城一样，大都采用左右对称棋盘式的区域划分，象征着被视为天之中心北极星的玉座等，均以儒家经典《周礼》为基础。此外，元朝还开辟了一条被称为积水潭的运河，将水引入城内供饮用和水运之用。

城内除了为汉族等建造的佛教和道教寺院外，还建造了基督教教堂和面向伊斯兰教教徒的清真寺。由于重商主义思想，伊斯兰和欧洲的商人也往来于此。

迁都北京与紫禁城的建设

进入14世纪后，将北京蜕变为国际都市的元朝，地方叛乱相继发生。公元1351年，红巾军起义中崭露头角的朱元璋控制了长江以南地区，后来以应天府（今江苏省南京市）为都城建立明朝并即位为皇帝（洪武帝）。明朝北伐后元朝放弃大都逃往蒙古高原。

由于不满元朝的暴政，明朝彻底摧毁了象征元朝统治的大都的宫殿。但由于北方游牧民族威胁仍然存在，因此明朝将北侧部分墙壁缩小，将城墙从正方形改建为长方形。此时为避开西北角的河流而斜筑了新城墙，此后西北角也是斜的。

被分封管辖华北一带的洪武皇帝第四子燕王朱棣，将大都城更名为"北平"，并作为根据地阻御北方游牧民族的入侵。

洪武帝驾崩，第二任皇帝建文帝即位后开始肃清皇族，因而朱棣举兵造反。朱棣率领的军队击败皇帝的军队，控制南京并废黜了建文帝（"靖难之役"）。因此，朱棣即位，成为明朝第三任皇帝，即永乐帝。他将都城从南京迁往其根据地北平。

永乐帝积极防御，先后抗击蒙古等的进扰，构建起明朝最大版图。同时，他将北平改名为"北京"并修筑紫禁城，至此首座由汉族建立的统一王朝的都城北京诞生了。

原计划建设将内城全部包围的外城

可以说，今北京市中心是在永乐帝时期建成的。内城中心是皇帝生活的紫禁城，其周围分布着称之为皇城的皇亲贵胄的府邸。皇座置于北侧，皇帝坐北向南执政，在其北侧修筑名为景山的小山丘以守护皇帝的背后，这样的安排是基于风水的考量。

城墙由土垒改成砖瓦结构，1436年改建后四角和九个门都设有楼阁。著名的天安门位于皇城的入口处，时名承天门，是颁布法令的地方。

另外，随着北京作为都城发展起来，人口也急剧增加，内城饱和，市民开始在城外大举建造房屋。因此自1553年起，嘉靖帝用时11年之久，围绕北京城外修筑外城。

修筑于内城南侧的外城使得北京的中心部呈一个"凸"形，即在呈长方形内城横长边之上又修建了一个横长的长方形外城。其实原计划是修建一座将内城四周完全围起来使内城外城整体呈"回"形的外城。如果完工的话紫禁城应该会成为一座由皇城、内城以及外城依次重重包围的坚固堡垒，但因预算问题只修筑了南侧工程。

政治中心——内城，经济文化中心——外城，这样内外两层的城市结构让北京变得热闹非凡。内城有各国使节谒见皇帝，外城妓院、酒家、旅馆以及寺院等鳞次栉比，吸引了众多游客。

进入17世纪后，明朝统治下的满洲女真族独立建立"后金"。国力衰微的明朝灭亡于农民起义军（李自成起义军）。1636年，后金改国号为"清"，后来打败李自成入主北京城。

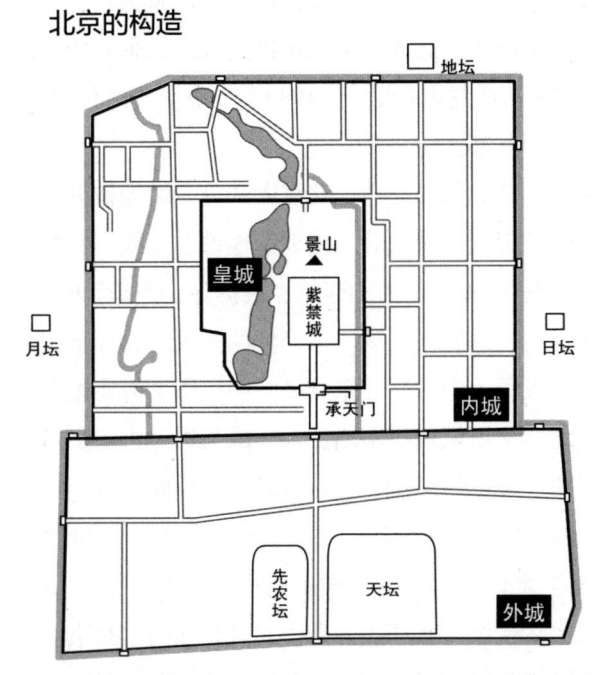

北京的构造

参考中央公论新社《北京——皇都的历史与空间》p13图制作而成；
明朝和清朝的皇帝为祭祀天帝而修筑天坛举行祭祀

清朝成为统治中国的大帝国，有近300年的统治历史。清朝为顺利统治将北京作为都城并灵活地运用城市构造，皇帝居住于紫禁城。

但19世纪后推进亚洲殖民化的西方列强入侵中国，鸦片战争爆发。自1895年甲午中日战争中败给日本以后，清朝的统治江河日下。3岁登基的末代皇帝宣统帝（溥仪）无法应对国内的乱局，1911年辛亥革命爆发后清王朝随之灭亡。

从王朝的都城变成中华人民共和国的首都

经过革命建立起来的中华民国起初以南京为首都,但随后入侵的日本军占领了此地。第二次世界大战结束后国共战争不断扩大,结果共产党取得胜利。1949年,中华人民共和国成立,北京又被定为首都。

中华人民共和国成立后,北京大部分老城墙被拆除变成了道路,此外,围绕内城城墙下铺设了地铁2号线。紫禁城成为"故宫博物院",天安门前的建筑也被拆除,建成南北880米,东西500米的"天安门广场"。广场的西侧是召开全国人民代表大会的"人民大会堂",东侧是"中国国家博物馆"。

此后北京市市域面积不断扩大,成为以过去的都城为中心占地面积约1.7万平方千米(与四国岛大致相同)的特别直辖市。位于西北的海淀区,坐落着中国高等学府北京大学和清华大学。

2008年北京奥运会(夏季)的成功举办,进一步推动了城市的现代化建设,北京成为高楼大厦林立的大都市。为迎接2022年北京奥运会(冬季)的召开,在南部的大兴区新建了北京大兴国际机场,取代位于北京东北的首都国际机场,成为中国最大的国际机场。如今的北京已是中国政治、学术和旅游观光等的中心。

微观世界史 名城篇

马六甲—Melaka

世界遗产与生活气息浑然一体的古老海港

马六甲,曾统治着马来半岛大部分地区的马六甲共和国首都,濒临马六甲海峡,作为东西贸易中转地的海港城市而盛极一时。

统治者不停变化,如今失去首都功能的这座城市仍因其城市历史底蕴深厚、东西方文化水乳交融而被列为重要世界遗产,作为旅游城市焕发着新的活力。

现属国:马来西亚
人口:约18万人(截至2019年)

得名满剌加树之都

马六甲，正好位于马来西亚首都吉隆坡和南方新加坡共和国的中间。占地面积约300平方千米，大致与名古屋市相同。马六甲是其英语发音，马来语中的发音更接近满剌加。

14世纪末，从爪哇岛扩张势力至此的满者伯夷王国将曾经统治着苏门答腊岛和马来半岛大部分地区的室利佛逝王国赶出苏门答腊岛。因此室利佛逝王朝最后一位王子拜里米苏拉逃往马来半岛，到达今马六甲，建立了马六甲王国。

相传马六甲这一称呼来源于这样一个故事。一天，王子外出狩猎在一棵树下休息之时，一只被猎犬追赶的鹿跑到跟前，紧接着被逼得走投无路的鹿将猎犬踢到河里去了。看到胆小的鹿和猎犬勇敢对抗，王子决定将此地定为都城。马六甲是以王子当时在一旁休息的树——满剌加树命名的。

马六甲市全景

世界各地虎视眈眈的海上要冲

马六甲海峡是连接太平洋和印度洋的交通要冲。即使是现在，它依然是作为世界上船只往来最多的海域而被人们熟知。

14世纪末以前，它还仅仅是连接苏门答腊岛和马来半岛的海路，但1405年受中国明朝永乐皇帝之命宦官郑和访问马六甲之后，马六甲发生了翻天覆地的变化。郑和率领的大舰队的到来令马六甲俯首称臣与明朝结成朝贡关系，纳入明朝统治体制内。马六甲的香料和香木换成明朝昂贵的丝绸和陶瓷，获得巨额利润，并且郑和把航线拓展到中东和非洲，因此印度和中东的船只也开始往来于此。

马六甲不仅从贸易中获得利润。由于当时的船是帆船，所以需乘风前进，但东南亚是季风，春天和秋天风向会发生变化，所以在无风之时船只只能在马六甲停泊等风。停泊期间的停泊税、保管费和关税收入以及船员的停留费和物资补给费等也是马六甲的一大收入来源。

然而马六甲王国的繁荣仅仅持续了100年左右。公元1511年，葡萄牙舰队入侵以后，国王放弃马六甲迁都南方的柔佛，建立柔佛苏丹王国。葡萄牙占领马六甲后在沿岸修建圣地亚哥古堡，城堡周围成为葡萄牙人的聚居地。葡萄牙还将当地居民与中国人的居住区分开。在马六甲河对岸居住着当地居民，栅栏包围的城市外侧则是中国人居住区。葡萄牙以马六甲为据点进入亚洲各地。马六甲也是将铁炮传入日本的圣方济各·沙勿略传播基督教的一个据点。

葡萄牙占领了马六甲约100年。1641年，马六甲被荷兰占领，1824年又被英国占领。不过，由于英国以新加坡为据点，所以马六甲的重要性有所减弱。1942年，马六甲被日本占领。事实上马六甲作为殖民地的历史长达400余年。

不同文化之间的交流日益频繁

第二次世界大战结束后，在英国的统治之下成立了马来亚联邦。马六甲是首任首相东姑阿都拉曼宣布独立的地方。马来亚联邦后来成为马来西亚，首都设在吉隆坡，马六甲成为一个地方城市。

有着东西贸易和漫长殖民历史的古都马六甲拥有别处难得一见的独特景观。在马六甲河东侧，除了保留有葡萄牙建造的圣地亚哥古堡外，还能看到葡萄牙西式建筑。另一方面，荷兰广场上也排列着荷兰风格的红色建筑，风车周围鲜花点缀。

对岸的老城是唐人街，约翰·卡尔街有很多夜市，也矗立着中国风的佛教寺院。此外，由于马六甲王国时期国王改信伊斯兰教，因而马六甲也分布有伊斯兰教清真寺。

2008年，马六甲作为"马六甲与乔治城、马六甲海峡古都群"被列入世界文化遗产。

现在马六甲市民的民族比例为马来裔占六成，华裔有三成，和马来西亚的国民比例基本相同。剩下的一成是印度裔和伊斯兰裔的后代，以及在向明朝朝贡时代出生的被称为峇峇娘惹①的混血儿后裔、葡萄牙人的后代等各个种族。因此，可以说马六甲是一座混血文化色彩浓厚的国际都市。

---

① 译者注：一说土生华人。

莫斯科—Moscow

建在森林里的"第三罗马"

俄罗斯,因时而异,有时被视为是一个大陆而不单单是一个国家。自16世纪以来,其首都莫斯科一直自诩为东正教文化圈中心地。

18世纪,莫斯科让出了首都的宝座,但20世纪十月革命以后获得了"世界社会主义中心地"这一新的地位。它往往被视为是欧洲的边陲,却是一座国际色彩浓厚的城市。

现属国:俄罗斯联邦

人口:约1250万人(截至2019年)

12世纪首次出现在历史书上

可以说,与欧洲各国首都相比莫斯科的成立较晚。在记述中世纪俄国历史的年代记中首次出现"俄罗斯"这一地名是在1147年。那时的西欧与中东处于十字军远征的时代,日本处于平安时代的末期。

俄罗斯的历史始于诺曼人的到来。相传862年在今莫斯科西北的波罗的海一带,从北欧而来的诺曼人族长留里克建立"诺夫哥罗德公国"。

留里克一族所辖区域的人民被称之为"罗斯",这被认为是"俄罗斯"这一国名的起源。不久,留里克一族又向南方扩张势力,迁都至今乌克兰建立基辅公国,逐渐与土著民族斯拉夫人同化。10世纪末,基辅公国将基督教定为国教,东罗马帝国(拜占庭帝国)文化得以在这里传播。

这一时期的莫斯科还是森林广布的未开垦之地。莫斯科这一地名源于流经其附近的莫斯科河。莫斯科河是伏尔加河支流奥卡河的支流,据说是俄罗斯到北欧使用的芬兰–乌戈尔语族的古老语言中的"熊之河"之意,或是"黑暗、浑浊的河流"之意,但尚无定论。气候划归为亚寒带,是比日本北海道稚内更靠北约1000千米以上的地方,年平均气温5℃~6℃,每年10月到来年4月之间都有降雪。

1156年,统治邻近的苏滋达尔公国的尤里·多尔戈鲁基用围栏和护城河将莫斯科河三角洲围住,奠定了城市的雏形。其面积不足一公顷(一个足球场的约1.5倍)。这就是莫斯科"克里姆林宫"的起源。克里姆林在俄语中就是普通名词"城堡"之意,因此各地的城堡也称为克里姆林宫。

从边境国发展为一大势力

13 世纪以后，蒙古军入侵位于今俄罗斯西部的地区。蒙古人率领中亚土耳其民族建立的钦察汗国征服了基辅公国。俄罗斯曾把蒙古裔和土耳其裔的外族统称为鞑靼人，因此将钦察汗国的统治称为"鞑靼之轭"。

亚历山大·涅夫斯基治理着诺夫哥罗德公国，在钦察汗国的领导下保持了罗斯人的自治，同时击退了瑞典和德国骑士的进攻。1276 年，涅夫斯基之子达尼尔在边境城市莫斯科设立据点，于 6 年后成立了"莫斯科公国"。

在当时俄罗斯西部的小国中莫斯科公国是后起之秀，它位于平原的中央，利用伏尔加流域的河流而拥有得天独厚的水运之便。莫斯科公国追随钦察汗国，与临近的特维尔和立陶宛诸侯之间相互争战，势力不断扩大。

达尼尔的孙子伊凡一世于 1328 年就任比临近的诸侯地位更高的大公这一职位，推进了罗斯的统一。

13—14 世纪，在莫斯科用围栏围起的西端一角上修建公馆、修道院以及钦察汗国重要人物所使用的建筑物等，其东侧广泛分布着市场以及市民的住所。伊凡一世的曾孙德米特里·顿斯科伊在位期间，用白石灰岩取代木制围栏建造了华美的城墙。

"鞑靼之轭"之下的罗斯人的精神支柱是基督教。在当时的莫斯科，高级神职人员的人事权掌握在东罗马帝国君士坦丁堡总主教座之手。但到了 15 世纪，东罗马帝国受到奥斯曼帝国的进攻而不断衰落，莫斯科开始不按照总主教座的意向，而是在莫斯科独自进行主教选举，从而推动了俄罗斯正教会的独立。

号称东方正教文化的中心地

1453年，东罗马帝国灭亡，其后9年伊凡三世即位为莫斯科大公。伊凡三世迎娶东罗马帝国末代皇帝君士坦丁十一世的侄女索菲亚公主为妻，自称是东罗马皇帝的继承者。因此，伊凡三世及其臣下将莫斯科称为继古代罗马和东罗马帝国的君士坦丁堡（第二罗马）之后的"第三罗马"。

俄罗斯教会建筑多采用葱头式圆顶，这继承了东罗马帝国的拜占庭风格。有意复兴古罗马文化的伊凡三世从意大利博洛尼亚请来了著名建筑师费奥拉凡蒂，命其设计建造乌斯宾斯基大教堂等。可以说乌斯宾斯基大教堂是受拜占庭风格影响，将俄罗斯建筑与西欧文艺复兴风格融合的建筑。

此外，为防止发生火灾时火势蔓延，伊凡三世还禁止在克里姆林宫东北方向的城墙外修建建筑。这一带自古以来就开设有市场，直到17世纪时"红场"这一通称才固定下来。这一名称的来源并不是它使用了红砖建造，而是因为在俄罗斯古语中"红"为"美丽"之意。

伊凡三世在位期间先后吞并了诺夫哥罗德公国等邻国，并于1480年摆脱钦察汗国的统治将领土从东方的乌拉尔山脉扩展到北冰洋沿岸。

1533年，3岁即位的伊凡四世（俗称"雷帝"）年满17岁开始亲政，王位"沙皇"（czar）这一称号来源于奠定古代罗马帝政基础的凯撒（Caesar）之名，并且从这一时期开始直至18世纪确定俄罗斯帝国这一国号为止，莫斯科大公国一直被称为莫斯科帝国或莫斯科沙皇国。从诺夫哥罗德和莫斯科开始向东方延伸的一带，俄罗斯这一称呼逐渐固定下来。

伊凡四世为纪念他战胜蒙古裔的喀山汗国（钦察汗国的继承国），下令在克林姆里宫城外东南方向修建瓦西里大教堂（正式名称为波克洛夫斯基教堂）。教堂由9个高度和形状都不同的圆柱形礼拜堂组合而成。

1589年，莫斯科新设完全独立于君士坦丁总主教座的"莫斯科总主教座"，确立了俄罗斯正教会在东正教文化圈最大教会组织的地位。

拥有两座首都的帝国

17世纪初，莫斯科帝国陷入了称为动乱时期的内讧。1613年，留里克家族的姻亲哈伊尔·罗曼诺夫在全俄缙绅大会上得到支持即位为沙皇，罗曼诺夫王朝成立。

俄罗斯商业逐渐发展起来，从西欧移民而来的商人越来越多，莫斯科郊外还建起了德国人村。但根据从德国而来的访问者的记录，当时的城市没有铺设好道路，房屋是木质结构的，因而由火灾造成的损失较重，百姓的住宅与农田相邻。因此，与其说是城市，不如说是一个比较大的村庄。据说当时在莫斯科贵族和市民都嗜酒，喜欢用大蒜做的饭菜。

1703年，罗曼诺夫王朝第五任沙皇彼得一世（彼得大帝）迁都新首都圣彼得堡。1721年，彼得一世在保留沙皇这一称号的同时加冕为皇帝，国号定为俄罗斯帝国。

虽然主要官府和王宫都迁到了圣彼得堡，但莫斯科与圣彼得堡并称为"两首都"，皇帝加冕仪式在莫斯科举行。相对于西欧风格的圣彼得堡，莫斯科保留了浓厚的俄罗斯自古以来的韵味。18世纪中叶以后，俄罗斯第一所大学——莫斯科大学，以及俄罗斯最大的剧院——莫斯科大剧院均在这一时期建立，文化得以发展，并且作曲家柴可夫斯基从圣彼得堡音乐学院毕业后就活跃于莫斯科。

进入19世纪以后，1812年，法国皇帝拿破仑率领法军进攻俄罗斯。俄罗斯方将莫斯科城区付之一炬，将军库图佐夫率领的军队撤退至内陆地区。不久，被称之为"东将军"的严冬降临，法军因不敌严寒、粮草难以为继而撤退。

此役以后，莫斯科人口由原本已达27万人骤降至1万人。但是，不久人口就恢复了，与圣彼得堡之间开通了铁路，并且，1861年，农奴解放令下恢复自由身的农民也大量流入莫斯科，19世纪末人口已增长至100万。

全世界社会主义国家人民云集于此

1917年，第一次世界大战战事正酣，连年累战导致民生凋敝，"二月革命"爆发，罗曼诺夫王朝土崩瓦解。紧接着共产党通过"十月革命"掌握了政权，因担心西欧诸国的军事进攻，于翌年从圣彼得堡再次迁都至内陆地区的莫斯科。

1922年，共产党政权成立了苏维埃社会主义共和国联盟（苏联），两年后共产党第一代领导人列宁逝世，遗体安放于建在红场上的列宁墓。

苏联政府将近代化作为新国家建设的一环推进，将教会作为旧时代象征而大肆破坏。他们建设了大量面向劳动者的住宅，修建整备在冬季为各家各户提供热水的系统。

1993年，莫斯科开始修建地铁。地铁里绘有仿佛是为了向市民夸耀革命和城市开发成果的豪华装饰。

莫斯科壮观的鸟瞰图

　　同时，这一时期也开始着手建造高达 400 米以上的宏伟建筑"苏维埃宫殿"，后因第二次世界大战爆发而搁浅。

　　1941 年，德国军队违反《苏德互不侵犯条约》进攻苏联，一直逼近莫斯科西北方向 40 千米的地方。此时，苏联已经开始讨论疏散政府首脑和市民，但援军从俄罗斯东部赶来，加之严冬的到来，最终迫使德国放弃攻占莫斯科的计划。

　　第二次世界大战后，苏联作为战胜国成为新成立的社会主义国家的领头羊。苏联对美国、日本等资本主义国家封闭，但来自越南、蒙古、古巴以及索马里等世界各地社会主义国家的革命运动领袖和留学生都可到此访问，莫斯科成了一座国际性的都市。

共产党政权下的城市开发

在战后的莫斯科以1953年建造的高240米的莫斯科大学主楼为首,一座座纪念碑式的超高建筑拔地而起以彰显社会主义国家的威严。这些建筑的顶部多有尖塔。这类建筑被冠以当时的共产党总书记之名称为"斯大林样式"。

另一方面,大多数市民住在没有电梯的廉价高层住宅里。虽然电和煤气都很廉价,但(由于产业发展不平衡,农业落后)他们依然长期过着缺衣少食、物资匮乏的生活。

作为市民日常的交通工具,地铁和公共汽车得到了普及。另一方面,由于莫斯科地处内陆深处,作为连接俄罗斯各地及其他国家的交通工具的航空网十分发达,城市近郊建有4个机场。

1980年,苏联首次举办的奥运会在莫斯科举行。但因其1978年进攻阿富汗而引起国际社会的非议导致出现许多国家联合抵制苏联奥运会这一罕见状况。这一时期苏联经济停滞愈演愈烈。1991年,苏联解体为俄罗斯联邦等15个独立国家。

在莫斯科以列宁为首,有许多被冠以社会主义时代共产党干部之名的街道、铜像和纪念碑,但随着苏联解体这些被彼得一世和作家陀思妥耶夫斯基等帝政时代的人物所取代。

如今的莫斯科成了对美国和西欧也开放的都市,并产生了许多新的商业设施。市民约80%是俄罗斯人,此外还生活着许多乌克兰人、犹太人以及俄罗斯联邦内外的亚裔诸民族的人们。

微观世界史 名城篇

伊斯法罕—Isfahan

享有"伊斯法罕半天下"美誉的高原古都

16—17世纪,中东大部分地区都在土耳其裔的奥斯曼帝国统治之下,但伊朗的萨法维王朝却持守着自身的波斯文化。

历史可追溯至公元前的伊斯法罕,以宽阔的广场为中心,集市熙熙攘攘,吸引了许多来自欧洲和印度的人聚集于此。

蓝色瓷砖覆盖的伊斯兰教寺院和美丽的神学院,充满了古都的气息,即使在今天也享有极高的评价。

现属国:伊朗伊斯兰共和国
人口:约155万人(截至2019年)

水源丰富、绿意盎然之都

在众多中东城市中伊朗的伊斯法罕是一座声名远播的城市。16—17世纪的波斯帝国萨法维王朝时代,欧亚大陆东西方的人员和商品大量流入伊斯法罕,伊斯法罕发展为一座享有"伊斯法罕半天下"美誉的城市。

7世纪伊斯兰教成立以前,西亚大部分地区都在波斯萨珊王朝统治之下。中东的居民中,居住在伊朗的波斯人和居住于阿拉伯半岛的阿拉伯人在语言上有很大差异,至今为止依然沿用着伊斯兰教成立以前普及的琐罗亚斯德教历法和年度活动,保持着自身独特的文化。

15世纪的伊朗伊斯兰教什叶派和神秘主义思想相结合,成立了萨法维教团。1501年,教团领袖伊斯玛仪一世建立萨法维王朝。自此中东大部分国家信奉伊斯兰教的主流逊尼派,而伊朗则继续由什叶派执政。

因时常遭受西方奥斯曼帝国的威胁,萨法维王朝先迁都西北的大不里士,继而又迁都加兹温。在此期间萨法维王朝第五任皇帝阿巴斯一世,怀着在水源丰富、绿意盎然的土地上建新都的理想,于1579年迁都至东方的伊斯法罕。

位于海拔1600米高原地带的伊斯法罕,面朝伊朗的河流中水量丰富的扎因达鲁德河(Zayandeh-Rud),是一片绿意盎然之地。公元前6世纪的阿契美尼德王朝时期奠定了城市的基础,到了7世纪中叶左右成为伊斯兰教的势力范围。10世纪的布韦希王朝和11世纪的塞尔柱王朝都以伊斯法罕为都,这里还建起了清真寺和市场,作为贸易城市繁荣起来。但1228年,伊斯法罕被从东方入侵的蒙古军彻底摧毁。

不仅是商人市民也开店的集市

阿巴斯一世在原来旧城区的南部建立了新城区。在连接旧城区和新城区的地方建起长 500 米、宽 160 米的"皇家广场"（现以伊斯兰教圣人伊玛目为名改为伊玛目广场），修建带有喷泉的大水池，并且还在这里展示外国来宾赠送的稀世珍品以及战争中获得的战利品。这里也是举行皇家典礼的会场。

以皇家广场为中心还建有清真寺（伊斯兰教寺院）、巴扎（集市）以及神学院等建筑。大多数建筑表面都涂有光色亮丽的釉，通常是绘有几何学样式的彩釉。特别是直径长达 28 米圆顶的"皇家清真寺"（现称之为伊玛目清真寺），使用了工匠手工描绘的彩绘瓷砖约 100 万块。

集市为避风雨和暑热而修建了许多有屋顶的通道和人行

位于伊斯法罕的世界文化遗产"伊玛目广场"

道。印度和亚美尼亚等地的商人从东西方云集于此，这里根据毛毯、毛皮、旧衣服、宝石工艺品以及马具等不同商品形成了对应的街区。特别是作为市民小憩的场所，提供咖啡的咖啡馆非常有人气。附近农家种植的生鲜也在此出售。后来不仅是小贩，任何人都可以贩卖商品，也有市民出售家里不使用的东西。尽管这里是伊斯兰文化圈的城市，但据说也有酒馆。

存留至今的古都

市内的神学院不仅研究伊斯兰教，也研究希腊的哲学和自然科学。至今游客仍青睐有加的阿巴斯酒店就是用神学院的宿舍改建而成的。萨法维王朝的文化人和技术人员还被热情邀请至印度莫卧儿帝国，并参与了莫卧儿帝国代表性建筑——泰姬陵的建造。

伊斯法罕居民的人种、民族以及文化背景多种多样，新城区的西南依然居住着阿巴斯一世下令从西方迁徙而来的亚美尼亚人基督徒，以及在伊斯兰教普及后成为少数派的琐罗亚斯德教教徒。

作为萨法维王朝的名特产——波斯地毯，在欧洲也深受欢迎。据17世纪访问伊斯法罕的法国商人让-夏尔丹《波斯游记》记载，当时伊斯法罕的人口约100万，有商栈1800个、清真寺160所、神学院237所以及公共浴场237处。

18世纪后，伊斯法罕被从今阿富汗入侵的游牧民族摧毁。不久，在伊朗建立了土耳其裔的卡扎尔王朝，政治和经济中心转移到北部的德黑兰，伊斯法罕一度因疫病流行人口减少到不足10万人。

保留着古都气息的伊斯法罕从 20 世纪 60 年代开始作为观光胜地而受到海内外的关注。1979 年,"皇家广场"被列入"世界文化遗产名录"。其后以伊朗革命推翻王政为契机,"皇家广场"被更名为"伊玛目广场"。

微观世界史 名城篇

威尼斯—Venice
通过贸易席卷地中海的"水上都市"

威尼斯,英语中称之为 Venice,是意大利具有代表性的旅游城市。

曾经的威尼斯依托贸易而发展,最终占领了当时的大城市君士坦丁堡,成为统治这一带的城邦。一个仅有弹丸之地的城市,是如何获得地中海霸权的呢?

现属国:意大利共和国
人口:约5.1万人(截至2019年)

建于木桩之上的房屋

石砌的城镇之间无数条运河纵横其间。运河上黑色的贡多拉（威尼斯尖舟）漂浮其间，穿着条纹衣服的船夫一边唱着坎佐纳（一种器乐作品），一边熟练地用桨划着船。这大概就是人们对"水上都市"威尼斯的印象吧。

威尼斯建造于亚得里亚海海岸的拉古纳，位于意大利半岛东北部的"脚根"部。拉古纳是指潟，是从河流运来的泥沙在河口附近被波浪推阻堆积而成的地形。城市海拔仅几米左右，一旦涨潮就会发生海水倒灌而被淹没（称为 Acqua alta）。

威尼斯由 118 个岛屿组成，每个岛屿都通过桥梁连接，人们靠水上巴士、水上出租车和渡轮等出行。

作为旅游中心的威尼斯本岛南北 4000 米、东西 2000 米，面积并不是很大。

威尼斯的建筑建于石块之上，先将坚硬的木桩如落叶松、橡树等打入柔软的地基中，然后在其上铺设石块。为什么这些木桩历经几百年依然不会腐烂呢？是因为水中没有导致腐蚀的主要因素——白蚁和好氧的腐蚀细菌。

但如今城市的地基已经开始一点点儿下沉，威尼斯正在进行大规模的土木工程以寻求应对之策。

从河流到海洋

拉古纳水位较浅，水路像迷宫一样错综复杂，外来船只难以进入（入侵）。大约在 5 世纪中叶，在匈奴人入侵罗马帝国以及日耳曼民族大迁徙运动等动乱之际，避难者为逃避战乱纷纷来到此地。但与大陆的陆地相比，此地不适宜农耕，因而定居下来的人很少。其后，6世纪后半叶，从日耳曼裔伦巴第人中逃出、操威尼斯语的威尼斯人在拉古纳建立了聚落。据说威尼斯这个名字来源于拉丁语"威尼斯人的土地"。

威尼斯人等陆续移居此地，拉古纳岛上的居民越来越多。人们主要靠渔业以及生产销售从沿海地区采购来的盐维持生计。

威尼斯名义上在东罗马帝国（拜占庭帝国）的统治之下，但实际上处于半自治的状态。公元697年，这里从市民中选出了最高执政官，即相当于国家元首的总督，由此迈向共和制城市的道路。据说同年建立了后来的"威尼斯共和国"。公元726年，东罗马帝国承认总督为执政者。

公元828年，两位商人从埃及亚历山大带回圣·马可的遗骸。保存至今的圣·马可大教堂就是为了安放这具遗骸而修建的。与圣·马可大教堂相邻的建筑被称为 Palazzo Ducale（总督府），即相当于政府大楼的总督馆。

随着盐业的垄断，威尼斯商业主力成为利用河流而进行的贸易。其贸易圈不断扩大，不久便开始向海洋进军。接着，威尼斯与以亚得里亚海诸岛屿为根据地的海盗发生战争。10世纪，将海盗驱逐出去的威尼斯确立了在亚得里亚海的控制权。至此威尼斯开始以东地中海为中心，与统治着西班牙和西西里的伊斯兰教国家进行贸易往来。

1082年，威尼斯由此前负责亚得里亚海沿岸的防御，进一步取得东罗马帝国的免税特权。这样，在东罗马帝国的领导下威尼斯贸易圈不断扩大。

借东风于"十字军东征"的繁荣发展

10—11世纪左右的意大利，实力增强的城市商人开始从封建领主那里取得自治权。于是除威尼斯外，佛罗伦萨以及米兰等多个共和政体的城邦相继产生并逐步取得发展。

威尼斯也取得了飞跃式的发展，凭借拥有强大的舰队和商船发展为一个强大的城邦。它在与东方的贸易中一方面进口胡椒等香料和纺织品，另一方面出口羊毛制品等。

它的繁荣因第四次十字军远征而得以巩固。

"十字军运动"是11世纪末由基督教国家发起的，旨在从伊斯兰势力手中夺回圣城耶路撒冷。威尼斯作为十字军船队的出港地为其提供船只，与此同时，十字军要求威尼斯商人随行进行贸易。

1202年，应罗马教皇英诺森三世的要求，以法国北部诸侯为核心发起第四次"十字军东征"。威尼斯商人负责运输。但由于各诸侯支付不起运输费，此时威尼斯商人提议进攻东罗马帝国都城君士坦丁堡。君士坦丁堡人口100万，是东西方贸易的要冲。威尼斯商人企图通过占领这里垄断在东方的贸易。

第四次十字军攻占匈牙利国王统治下的扎达尔以后，占领君士坦丁堡与其周围的诸岛屿，并建立拉丁帝国。威尼斯以拉丁帝国为殖民地垄断了商业相关的特权。今圣·马可大教堂里的四匹马青铜像就是这一时期从君士坦丁堡掠夺来的。

1261年，东罗马帝国复兴，拉丁帝国灭亡，但威尼斯商人开始在全世界范围内活动。著有《东方见闻录》的马可·波罗就是13世纪后半叶的威尼斯商人。威尼斯还通过"丝绸之路"与当时的中国（元朝）进行贸易往来。

在1378—1381年的战役之中，威尼斯击败了对手热那亚，最终获得了地中海的霸权。

管理市民生活的"贤人会"

威尼斯有一位统治整个威尼斯的总督，同时，每个岛也有各自的共同体。共同体以广场为中心，周围建有码头、工作场所、教堂以及住宅等。岛屿间由桥和渡船连接，人们往来其间。

13世纪末，威尼斯的政治体制发生了变化。富裕的上层贵族加强政治垄断形成了寡头政治体制。这与运河的存在有关。

威尼斯运河利用自然地形，除水运外还发挥着保卫城市的功能。但运河易被来自河流的堆积物所堵塞，因此为维持运河环境，产生了一个"贤人会"这样的水利工程师集团来进行一些工程施工。"贤人会"在施工时接触到作为军事机密的海图，因而成为一个排他性的组织，不久，发展为一个世袭的身份，并最终开始管理市民的生活。

此外，现在威尼斯的特产威尼斯玻璃（玻璃杯）正式开始生产也是在13世纪。当时人们对中东产的玻璃视如珍宝，因此从叙利亚引进技术并成功实现玻璃的国产化。

此时市政方面总督已经成为象征性的存在，外交和军事大权掌握在大评议会手上。

1423年，威尼斯的收益为750—1500万杜卡特[①]，与当时西班牙的收益相当。1杜卡特相当于当时10—20万日元，换算

[①] 译者注：杜卡特金币，意大利威尼斯铸造的金币，于1284—1840年发行，又称杜卡币、泽西诺币或西昆币。

成现在的话最低也值 750 亿日元，最高 3000 亿日元。后来英国剧作家莎士比亚将《威尼斯商人》主人公定为威尼斯商人，也是因为众所周知威尼斯十分富足。

15 世纪中叶左右，一度被帖木儿帝国击败而衰落的奥斯曼帝国再度复兴，开始进军东地中海。1453 年，奥斯曼帝国攻陷君士坦丁堡，消灭东罗马帝国。

1498 年，葡萄牙开辟印度航线后，世界贸易中心转向大西洋沿岸葡萄牙的里斯本，威尼斯盛极而衰。

贡多拉与城市衰落的关系

15 世纪末，法国和神圣罗马帝国围绕意大利之间战争频仍，加之从东方而来的奥斯曼帝国的进攻，导致威尼斯共和国失去了东地中海的领土。

1571 年的勒潘托海战中，威尼斯与西班牙和教皇组成联合军，虽战胜了奥斯曼帝国，但仍未夺回地中海的制海权。

与作为商业国家的衰退形成对比，威尼斯迎来文艺的复兴时期。威尼斯文化发展欣欣向荣，成为东西方文化交流的国际贸易城市。

通过观察现代威尼斯的贡多拉会发现船体是黑色的。这是由于当时威尼斯不景气的经济状况所导致的。

1633 年，为减少国费开支，威尼斯政府颁布了在贡多拉表面"必须使用黑色呢绒"这一法令。从这一时期开始贡多拉变成了黑色，后来尽管法令废止，但使用黑色呢绒却作为一种习惯而沿用至今。如果没有近代以后的经济衰退，贡多拉的颜色大概也会像初期一样使用红色或蓝色这样明亮的颜色吧。

从工业城市发展为屈指可数的旅游城市

1797年,拿破仑进攻威尼斯。根据法国和奥地利之间缔结的《坎波·福尔米奥条约》,威尼斯成为奥地利领地,威尼斯共和国不复存在。作为共和政体持续了1000年以上的威尼斯是作为共和国存续时间最长的城邦。

1805年,奥斯特里茨之战中战胜奥地利和俄罗斯的法国再次统治威尼斯。不过,法国对威尼斯的统治并没有持续太长时间,拿破仑战争后为商定欧洲秩序而举行的维也纳会议决定于1815年再次将威尼斯置于奥地利统治之下。

法国统治期间,根据拿破仑敕令威尼斯开始了城市开发。即使又重归奥地利统治之下,威尼斯城市开发依然持续进行。其中建成的具有代表性的建筑物有1846年开始修建的连接威尼斯西北部与大陆的铁路桥(现在的自由大桥),以及1861

驰名世界的水上城市

年开始建造的连接威尼斯本岛和大路的桥。如此一来通过船以外的交通手段与大陆之间往来成为可能。

另一方面因城市开发计划也毁坏了许多的住宅区和教堂，并掩埋了许多此前作为主要交通线路的运河。

1861年，意大利王国成立，5年以后的1866年，从奥地利独立的威尼斯被纳入意大利王国版图。意大利统治之下的威尼斯开始修整道路等基础设施，步行出行的比例超出了乘船出行的比例。

第一次世界大战开始后，威尼斯发展为工业城市，但到了第二次世界大战后工业开始衰退，取而代之开始促进旅游资源的开发。如今的威尼斯已经成为欧洲屈指可数的旅游城市，每年有2500万人次的游客来此参观，享受有运河之城的乐趣。

虽然作为一个城邦威尼斯亡国了，但其美术品和建筑物依然令游客心驰神往。

名城篇
微观世界史

德里－*Delhi*
多元文化错综复杂的城市

德里，凭借13世纪以后从西方入侵而来的历代伊斯兰王朝以及19世纪以后统治印度的英国这样的外来势力得以发展，但与此同时自古以来在印度土生土长的印度教文化依然根深蒂固。伊斯兰教建筑和印度教建筑交相辉映，现代化城市规划的新德里和与之相邻的德里城区相互映衬，堪称印度历史的缩影。

现属国：印度

人口：约2940万人（截至2019年）

古代叙事诗中出场的古都

德里位于印度次大陆北部的中央地区，东有恒河支流亚穆纳河流经，西面和南面被阿拉巴利丘陵包围，呈倒三角形状，被称为"德里三角洲"。这里是流经印度次大陆西部的印度河水系和流经东部的恒河水系的交叉点，自古以来就是通往西部阿拉伯海、东部孟加拉湾和北方中亚地区的交通要冲。

如今，德里面积约为1484平方千米，是东京都23区的两倍以上，人口约2940万，在全世界城市人口排名中位列前五。

13世纪以后，在广大的城市范围内先后有德里苏丹国的5个王朝在此建都。16世纪，卧莫儿帝国时代的王城向北迁移，进而英国殖民时代在东南方向建造了新都城——新德里。这样，7个王朝分别于不同时期在市内各地区进行城市开发，造就了德里包罗万象复杂的城市面貌。因此，德里也被称为由"7个城市"或者"15个城镇"组成的城市。

在成书于4世纪前后的印度史诗《摩诃婆罗多》中，剧中潘达瓦王子统治的都城因陀罗普拉沙（梵语"雷神平原"），据说是相当于今德里东部的地区。不过，这并没有得到考古学的证实。

印度在6世纪古普塔王朝灭亡以后，在北部由印度教教徒拉其普特人建立了一个小王国。据说德里得名于8世纪统治过这片地区的"Dhillu"王之名。

12世纪，德里周边被拉其普特的一大势力查哈玛纳王朝置于统治之下，但依然时常受到从西方入侵而来的伊斯兰势力的威胁。

带来伊斯兰文化的王朝

1206年,土耳其裔伊斯兰教教徒艾巴克统治印度北部地区,建立了以德里为都城的新王朝。新王朝的历代国王包含艾巴克在内均由从奴隶战士中选拔出来的人继承,因而被称为"奴隶王朝"。

艾巴克建造了一座名为顾特卜塔(胜利之塔)的石塔(尖塔)作为征服德里的纪念碑。塔高约72米,表面刻有《古兰经》的文字。当时的德里有27座印度教寺庙,但艾巴克下令将这些建筑悉数尽毁,并用毁坏寺庙得来的石材建造了清真寺。

顺便提一下,顾特卜塔的近旁还保留着4世纪古普塔王朝时期建造的7米高的铁柱。铁柱由纯度高达99%以上的铁铸造而成,显示了古印度高超的金属加工技术。

从"奴隶王朝"开始,建都德里的总共长达320年的各个王朝被统称为"德里苏丹王朝"。其中,卡尔吉王朝、图格鲁克王朝、赛义德王朝以及洛迪王朝,你方唱罢我登场,盛衰不断更替。但无论如何各王朝均采用伊斯兰教王族统治伊斯兰教徒这样的体制,民众也有越来越多的人改信伊斯兰教。

印度教的建筑特点是多用神像等来装饰,与此相反,伊斯兰教否定偶像崇拜,不使用宗教性装饰而通常采用几何图形来装饰。但在整个德里苏丹时代,德里的建筑融合印度教和伊斯兰教建筑元素发展出来一种独特的风格。

象征着帝国繁华的"红堡"

16世纪后,统治中亚大部分地区的帖木儿王朝王子巴布尔从今阿富汗入侵德里。征服了洛迪王朝的巴布尔于1526年

莫卧儿帝国时代的旧德里

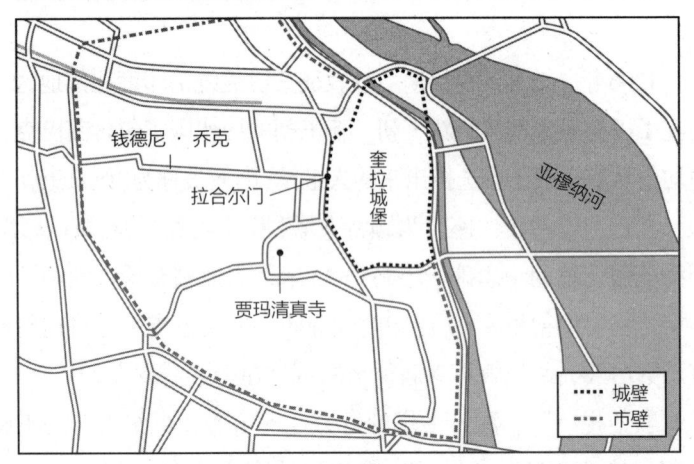

参考《印度旅行手册》（1933年第14版，约翰·穆雷著）等制作而成；和现在的位置相比，奎拉城堡位于亚穆纳河沿岸

建立莫卧儿帝国。莫卧儿这一王朝之名来源于"蒙古"，巴布尔的祖先帖木儿是蒙古帝国的伊斯兰教徒武士，其母氏一族也是成吉思汗次子察合台的后代。

巴布尔以后的第二任皇帝胡马雍在位期间，从印度东北巴哈尔入侵的苏尔王朝暂时占领了德里，胡马雍流亡波斯。其后，胡马雍夺回德里并将苏尔王朝建造的城堡作为自己的王城。这座城堡后来被称为丁帕纳城（古老的城堡）。

胡马雍去世后莫卧儿帝国在德里东南约200千米处的阿格拉建都，但1628年即位的第五任皇帝沙·贾汗在德里东北部修建了新都沙贾哈纳巴德。这就是今德里市区北部名为"旧德里"的街区。

修建于亚穆纳河对岸的王城南北约900米、东西约500米，因使用赤砂岩作建筑材料,所以外观呈红色被称为奎拉城堡(红堡)。王城以面向西方的拉合尔门为代表有 7 扇大门,臣属觐见皇帝所使用的迪瓦纳阿姆大厅里,安置有用昂贵的钻石和红宝石装饰的"孔雀御座"。

以王城为中心周边扩展为半径约 2000 米的扇形城镇,带有城门的全长 6.4 千米的市墙将其包围。位于市中心稍南的贾玛清真寺是印度最大的清真寺,可容纳 1 万多名朝拜者。据说,截至 1730 年市内共新建了 100 座清真寺。

城市方圆约 4 平方千米,与其他国家的大城市相比面积并不算大。王城以西延伸出一条名为钱德尼·乔克(月光广场)的大街,此地珠宝商店、贵金属商店以及经营棉织品的商店等鳞次栉比。莫卧儿帝国时期街道中央有一条水路,但现已被填埋。另一方面从王城向南延伸着一条名为法伊兹·巴扎的大道,正如其名街道左右两边都开设有巴扎(市场)。

时常成为战场的城市

关于莫卧儿帝国时代德里的人口各种说法莫衷一是,但据说 19 世纪初大概有 12—15 万人,印度教居民比伊斯兰教居民稍多。

伊斯兰教教徒的王侯贵族与高级官僚之间,并不使用印度本土的印地语而与西方萨法维王朝一样将波斯语作为通用语,诗歌等文学作品也多用波斯语写就。从印度全局来看,为德里带来繁荣的莫卧儿帝国统治阶级可以说是一个"局外人"。

沙·贾汗也致力于在除德里以外的地方开展大规模的建筑事业。他下令在阿格拉为其王妃泰姬·玛哈尔修建陵墓泰姬·玛哈尔陵。他开展的建筑事业多数都得到了波斯工程师的帮助，但在其晚年皇子奥朗则布与其对立并将其幽禁在阿格拉城堡。

18世纪初，奥朗则布去世后莫卧儿帝国江河日下。1739年，波斯阿夫沙尔王朝的纳迪尔·沙阿入侵这里，屠杀了大量德里市民并掠夺莫卧儿王室的珍宝无数。

其后，印度东部的孟加拉等地区逐渐成为英国的势力范围。1600年，为了扩大香辛料、茶及棉等的贸易范围，英国成立了官商各半的东印度公司。18世纪中叶，英国令其军队在印度各地驻军并夺取地方领主的实权，甚至从卧莫儿帝国获得对控制区人民的征税权。

在德里以南的德干高原一带，有一支名为"马拉塔联盟"的印度教教徒独立势力，与英军时起争端。1803年，"马拉塔联盟"与英国之间爆发第二次马拉塔战争，英军借此机会扩大势力范围，占领德里并在王城西北建立驻地。

今德里中心城区

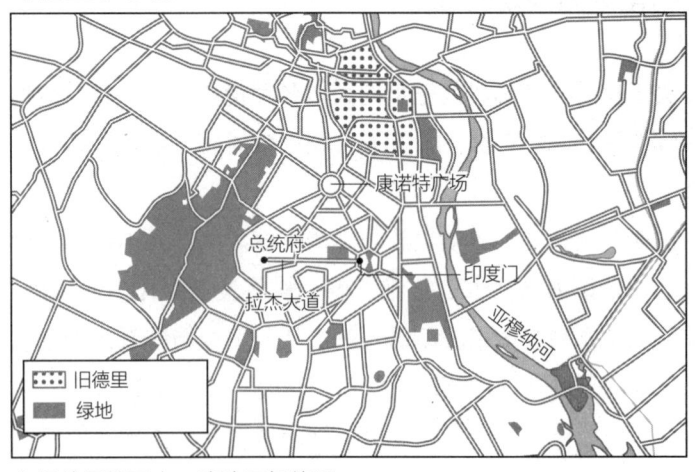

在旧德里的西南，建造了新德里

130　微观世界史——名城篇

殖民地时代建造的"新德里"

1857年，印度爆发大规模反英运动——印度民族大起义。英军将其镇压并废除莫卧儿皇帝之位，印度全土沦为英国殖民地。在镇压起义过程中德里日渐荒废，但英国不断推进英国人聚居地以及铁路的建设，并在城市西侧新筑了营区德里军事区。

英国在面向孟加拉湾的Calcutta（今加尔各答）设立了总督府，但因其重要设施侧重于印度东部，英国判断其不适合用来统治印度全域，遂于1911年建立新都新德里。

新德里竣工于1931年，是以英国建筑师勒琴斯的设计为基础修建的大型规划城市。直线街道从中心街区的康诺特广场开始呈放射状延伸，建造之初就有完备的下水道，因而环境十分卫生。其特点是保留了大量的绿地，尤其是公园特地保留了德里苏丹王朝以后的历史性建筑。新德里中心附近为祭奠第一次世界大战中的阵亡将士而修建了印度门。

1947年，印度独立以后行政上的首都功能依然集中在新德里，新德里被称为"大英帝国赠给印度的礼物"。在日本国内的世界地图上，长期以来都将行政机构所在地新德里作为印度首都，此外也标注了出德里（老德里）。但实际上新德里与旧德里一同包含在"德里首都圈"这一地方行政单位上，因此2002年以后日本也将印度首都标记为"德里"。

印度独立之际，伊斯兰教教徒聚居的西部地区和孟加拉地区作为巴基斯坦（其后的巴基斯坦和孟加拉国）从印度中独立出来。此时大批编入巴基斯坦的印度教教徒从编地涌入德里，德里的人口激增约40万。德里自13世纪开始数百年来一直是

德里—Delhi

伊斯兰王朝的首都，但到了1951年印度教教徒居民却约占总人口的84%。

德里市内有不少地名是殖民地时期英国人命名的，但独立以后通过将新德里大道由"国王大道"更名为"拉杰大道"等措施，已逐渐去殖民化。

如今的德里已经发展为现代化办公楼高楼林立，印度教寺庙和印度传统宗教——耆那教寺庙以及伊斯兰教清真寺和英国人建造的基督教教堂荟萃一处、多元文化共生的都市。

微观世界史 名城篇

圣彼得堡
Saint Petersburg

多元文化错综复杂的城市

18世纪,以内陆莫斯科为中心的俄罗斯新筑港湾城市圣彼得堡迅速发展起来。这是一座倾注了沙皇对西方文化之憧憬的新城。

20世纪以来与莫斯科作为现代化的城市发展起来相对,圣彼得堡仍拥有很多邀请意大利建筑师等设计建造的宫殿教堂,依然保留着帝政时代的气息。

现属国:俄罗斯联邦
人口:约543万人(截至2019年)

新首都范本是阿姆斯特丹

20世纪，圣彼得堡两易其名，先后改为"彼得格勒"和"列宁格勒"，进而又改为原名圣彼得堡。日耳曼语系的"堡"以及斯拉夫语系的"格莱德"均为"城市"之意，此外，还有德国的汉堡和塞尔维亚的贝尔格莱德等地名也是如此。圣彼得堡几易其名反映了其与外国的关系以及政体的变化。

在俄罗斯的版图上，与波罗的海相连的芬兰湾一带是通往西欧的海上门户，地理位置十分重要。9世纪，诺夫哥罗德公国建国于此，随后被莫斯科大公国吞并。1617年，瑞典占领此地，18世纪初，彼得一世（大帝）将其收复。

彼得一世推行引进西欧先进工业技术和文化的政策，曾隐瞒身份在荷兰学习造船和航海技术。因为有这样的背景经历，彼得大帝设想在向西欧开放的沿海地区建立一座像荷兰阿姆斯特丹那样拥有通商口岸的城市，形成与莫斯科不同的新风格。

1703年，彼得一世下令在涅瓦河河口的扎亚奇岛（兔岛）修建要塞，这就是圣彼得堡的起源。起初它的发音接近荷兰式的"圣彼得堡"，彼得（Petel）是指彼得一世将其作为守护人的基督教圣彼得。

随后又加上圣保罗的之名将要塞改名为"彼得保罗要塞"。要塞作为政治犯监狱以后，忤逆彼得一世的皇太子阿列克谢以及20世纪发动俄国革命的列宁等人都曾收押于此。

圣彼得堡位于莫斯科西北约650千米处，年均气温与莫斯科一样约5℃—6℃，因地处高纬度每年5月下旬到7月中旬是白夜，即使在深夜太阳也不会落山。

流经市内的涅瓦河九曲连环，支流错综复杂，城市总面积的 10% 都位于水面上，圣彼得堡也因此被称为"俄罗斯的威尼斯"。为优先船只航行，直至 19 世纪以前河面都没有常设桥而使用河船和简易的浮桥通行，冬季则可通过结冰的水面渡河。圣彼得堡海拔不足 1.5 米，一到秋天就容易受强风的影响而发生海水倒灌，这是圣彼得堡市的一大难题。

尽管如此，当时的俄罗斯除此以外面向外洋的地区只有北极地区。极地冬季海湾冰封，船只航行困难，与此相比圣彼得堡的环境分外优越。

通过输出毛皮而致富

彼得一世为建设新首都动员了约 4 万名农奴和 3000 名工人，继要塞以后又修建造船厂和政府机关设施。城市由多个岛屿和沙洲组成，虽然显得七零八落，但也用直线街道划分出区划，颇具规模。从涅瓦河海军部开始以主干道涅夫斯基大街为代表，街道呈放射状延伸。涅夫斯基大街经南部的诺夫哥罗德与通往莫斯科的诺夫哥罗德街道相连。

1712 年，首都功能转移至竣工后的圣彼得堡。彼得一世命令许多贵族和市民移居圣彼得堡。自迁都开始经过十余年的发展，圣彼得堡人口增加到约 10 万人。

同时，在圣彼得堡城市前的科特林岛建有喀琅施塔得海军基地，其主要作为俄罗斯帝国海军主力波罗的海舰队的母港。贸易港通过大量出口毛皮和亚麻，后来又大量出口谷物以及煤炭等带来了巨额的外汇，另一方面还不断进口西欧的工业产品和奢侈品等。

圣彼得堡城市西部修建了彼得霍夫宫（"夏宫"），并在1754年修建完成冬季使用的"冬宫"。建筑起初由意大利建筑师拉斯特雷利亲自设计，其后又经过五次改建，占地面积达46000平方米，如今作为"艾尔米塔什美术馆"主馆使用。艾尔米塔什意为"隐身之处"，最初是女皇叶卡捷琳娜二世的私人收藏展示场。这里收藏了大量文艺复兴时期的绘画等作品，1852年开始向公众开放。

在上层社会传播的法国文化

彼得一世即位100周年的1782年，在冬宫的西边建造了彼得骑马像。后来诗人普希金在以《青铜骑士》为题的长篇叙事诗中，提到这尊象征着圣彼得堡的雕像。

这一时期有日本人到访过圣彼得堡。在阿留申群岛中遭遇海难的船员大黑屋光太夫及其同伴漂流到了俄罗斯境内，为获得回国许可他们穿越西伯利亚于1791年到达圣彼得堡。光太夫等人在城市东南的叶卡捷琳娜宫殿谒见叶卡捷琳娜二世。同情其遭遇的叶卡捷琳娜二世派出海军士官拉什曼与之同行，并借此向江户幕府打探日俄通商事宜，但通商的交涉遭到拒绝。

19世纪前后，圣彼得堡的人口达到约22万人，其中三分之一是军人、官僚及其家属。这一时期大量法国贵族为因法国大革命爆发逃到圣彼得堡，此时法语作为彰显上流社会人士的修养在俄罗斯普及。

1819年，圣彼得堡大学创立，西欧的学术和思想得到广泛传播。但沙皇依然实行保守的君主专制，大多数农民过着穷困潦倒的生活。在这种情况下，受法国先进自由主义思想影响

圣彼得堡位置图

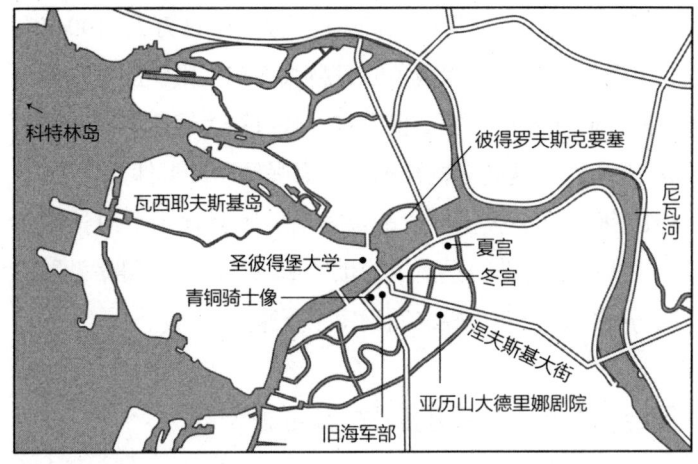

城市运河遍布,又名"水都"

的青年军人主张改革帝制,他们于1825年发动了"十二月党人"起义,但最终遭到镇压而以失败告终。

《罪与罚》故事发生地——市内运河沿岸

19世纪前半叶,意大利出身的建筑师卡洛·罗西着手设计修建了"亚历山大德里娜剧院"等罗马风格的古典建筑群,如今圣彼得堡的城镇基本在这一时期建完成修建。1833年,圣彼得堡市内开始有邮局,接着又普及了煤气灯并开通了通往沙皇村(普希金市)的俄罗斯首条铁路,修整完备了现代化城市的基础设施。

1862年,圣彼得堡音乐学院创建,作曲家柴可夫斯基曾求学于此。这一时期作家陀思妥耶夫斯基也活跃于此。市内流经涅瓦河南部的格里博耶多夫运河对面一带,就是小说《罪与罚》发生的场景——贫民窟。

到了20世纪，圣彼得堡人口已经达到约143万人。1904年，日俄战争爆发，翌年，因战争旷日持久而陷入困顿的群众聚集在冬宫前，向沙皇尼古拉二世发难。政府军为镇压群众而造成超1000人死亡，这起惨剧被称为"血腥星期日事件"。

1914年，第一次世界大战爆发后，因对德国敌对情绪愈演愈烈，所以将圣彼得堡更名为俄罗斯风格的"彼得格勒"，此前这一称呼就已在百姓之间确定了下来。

历经80年，沙皇的遗体终回故都

第一次世界大战期间，俄国革命爆发（1917年），随后共产党政权的苏联成立，退位的尼古拉二世及其家族均被处以死刑。

帝国解体后，位于彼得格勒以西的波罗的海三国——爱沙尼亚、拉脱维亚以及立陶宛独立出来（后来在第二次世界大战中再度被占领）。此时的苏联因担心彼得格勒受到西欧诸国的侵犯而于翌年将首都迁回内陆的莫斯科。1924年，指导俄国革命的列宁去世，因此又将彼得格勒冠以列宁之名更名为"列宁格勒"。

1941年，德军进攻苏联，随后持续近900天的列宁格勒保卫战打响。德军包围之下的列宁格勒弹尽粮绝，市民战死者达80万人，据说其中约有64万人死于饥饿。

战后，苏联政府致力于列宁格勒的复兴以及基础设施的修复，大多数因战争遭到破坏的建筑物得以重建，恢复了昔日的城市面貌。

苏联于1991年解体，列宁格勒再次更名为"圣彼得堡"，该市辖下的州仍称为列宁格勒州。1998年，当年被处以死刑的尼古拉二世及其家族的遗骸回归圣彼得堡，埋葬于彼得保罗要塞内的大教堂里。

苏联解体之际因波罗的海三国再次独立，圣彼得堡成为俄罗斯在波罗的海最为重要的贸易据点。

21世纪的今天，莫斯科已成为高楼林立的现代化商业都市，但与此相对，圣彼得堡依然保留了许多具有18—19世纪风情的建筑，作为旅游城市吸引了大量海内外游客慕名而来。

微观世界史 名城篇

巴黎—Paris
全世界开花的法国文化之发祥地

9世纪,法国建立,巴黎成为法国的首都,但此后法国的首都屡次发生变迁。

16—17世纪,法国的首都因国王们的需要在法国领域内频繁迁移。18世纪末,波旁王朝在鼎盛时期时将凡尔赛(属今巴黎)作为政治中心,市民之间自由的文化得以发展。经过革命和战乱,19世纪时巴黎美丽的城市风貌逐渐得以确立。

现属国:法兰西共和国

人口:约1096万人(截至2019年)

由河中小岛发展而来

巴黎——拥有"埃菲尔铁塔""雄狮凯旋门"等众多的世界性名胜古迹。这座城市反映了法国人的审美,从建筑物的高度到户外的广告都制定了尽可能不损害城市美观的详细周密的规定。

现在的巴黎由20个街区组成,第1区是包含塞纳河中的岛屿——城岛西部一带地区。巴黎的历史就开始于这个22万平方米(相当于5个东京巨蛋)大小的岛屿上。公元前3世纪左右,定居于西欧属凯尔特人的巴黎吉西人在城岛建造聚居地。这即为"巴黎"这一地名的由来。

古罗马人将法国称为"高卢",称城岛周边地区为"鲁特西亚"。公元前52年,凯撒率领罗马军占领鲁特西亚。

鲁特西亚位于盆地中心,塞纳河流经中南部的勃艮第到西部沿岸的勒阿弗尔,便于和北方不列颠岛及南方地中海地区做交易。罗马人在此建立了殖民城市,铺设了沟通西方鲁昂和南方奥尔良的街道,并架设了环城岛连接塞纳河右岸(北侧)和左岸(南侧)的桥梁;修整格子状的街区并建设巨大的剧场和圆形竞技场。巴黎西人的工作多为河船船员,他们将产于地中海城市的陶器和金属制品以及衣服等经过鲁特西亚流通至加利亚北部和不列颠岛。

3世纪以后,罗马人中"巴黎西人之城"这一称呼比鲁特西亚使用更为广泛,最终以"巴黎"这一地名固定下来。

日耳曼人从东方入侵加利亚,罗马皇帝一族的尤利安努斯将军为夺回加利亚,将巴黎作为进攻据点。公元361年,尤利安努斯即位为西罗马帝国皇帝。

历经数十年建造的教堂

5世纪，日耳曼人奥多亚克尔废除西罗马皇帝之位，随后日耳曼裔势力在加利亚甚嚣尘上。公元481年，克洛维领导法兰克人建立了墨洛温王朝法兰克王国。克洛维与罗马教会缔结合作关系改信基督教阿塔纳修派，并下令以巴黎塞纳河左岸为中心修建众多教堂和修道院。此时城区人口约1—2万人，犹太商人和叙利亚商人也不时从东方移居而来，同时始于古罗马时代的与不列颠岛的贸易也日益活跃起来。

8世纪，后法兰克王国重臣丕平登上王位成立加洛林王朝。其子查理一世（查理大帝）征服了西欧的大部分地区，但由于长年征战其主要活动于西方的亚琛而非巴黎。

根据843年的《凡尔登条约》，加洛林王朝分为西部、中部和东部三部分，此时成立的西法兰克王国即为法国的雏形。不久，来自北欧的诺曼维京人逆塞纳河而上入侵，摧毁了巴黎的教堂并在市区多次掠夺，后被加洛林家族的旁支——治理巴黎一带的伯爵乌德所击退。

987年，由于加洛林家族绝嗣，乌德的后裔雨果·卡佩即位并创立卡佩王朝法兰西王国。

卡佩王朝时期巴黎塞纳河右岸取得了巨大发展，城岛东北扩展了莱斯·哈勒斯（中央市场），许多农产品和商品开始在此交易。1163年，城岛东南部开始兴建"巴黎圣母院大教堂"。这座双塔教堂于1225年基本完工，总高度约为35米——这在中世纪哥特式建筑中规模史无前例，宏伟气派的教堂向市民展示了神的无上权威。

1180年，腓力二世即位后，用石板铺平了市内道路并修建了横跨塞纳河两岸的城墙，更创办了欧洲最古老的大学之一——巴黎大学。腓力二世下令在塞纳河右岸建造的"卢浮宫"，经此后数百年不断扩建改造在16世纪中期成为文艺复兴风格的宏伟宫殿，后来作为美术馆而闻名于世。

公民获得权力的中世后期

13世纪时巴黎人口达10万人。1302年，巴黎民众首次在巴黎圣母院举行由神职人员（第一身份）、贵族（第二身份）和平民（第三身份）代表讨论税制等问题的"三部会"。允许平民代表参会的这次会议反映出商业取得巨大发展，改变了以王侯贵族为交易对象的毛纺织商和贵金属商以及金融业者等有权力的大商人越来越多这一现象。

从中世纪开始，市民之间开始对同行业的行会组织（公会）和教会产生归属感，孕育了不受血缘和地缘束缚的个人主义气质。女性担任商家及医生等成为户主的例子也多见记载。

1328年，卡佩王朝绝嗣由其旁系建立瓦洛瓦王朝。不久，英法百年战争爆发，法国因战争苛税繁重加之粮食短缺致使民不聊生，结果导致了1358年巴黎爆发大起义。

英法百年战争于1453年结束，但长期战乱加上鼠疫（黑死病）流行，中世纪末期的巴黎政荒民敝，百废待兴。疫病蔓延的原因之一是卫生环境差，当时的城区居民甚至将污物随便扔在路上。

16世纪后，在法国，从意大利传播而来的文艺复兴运动蓬勃发展的同时，受德国爆发的宗教改革影响，天主教徒和被称为胡格诺的新教徒之间爆发战乱（胡格诺战争）。1572年8

月，巴黎发生屠杀大量新教徒的"圣巴托洛谬大屠杀事件"，宗教争端蔓延至各地。

未居住于巴黎的国王

国王亨利三世因政治斗争遭到暗杀，瓦卢瓦家族旁系——波旁家族的亨利四世即位并于1589年建立波旁王朝。亨利四世主持完成了早前就开始筹建的——连接城岛西端和右岸的石砌"Pont Neuf（新桥）"工程，并下令在卢浮宫东北修建"皇家广场（后来的孚日广场）"，此外，为改善巴黎城市的卫生环境还修缮了上水道。

16—17世纪的法国国王离开巴黎巡视各地，这样做的目的是为了使各地臣民能够瞻仰国王形象，以便于其在巡视之地收缴税金。1643年，路易十四世即位，由于幼年时在巴黎目睹了政变和战乱，因此他对此地极为疏离，于是他下令在距巴黎西南约20千米处（步行4—5小时的距离）的凡尔赛修建一座新宫殿。路易十四世在位前期一直在卢浮宫处理政务，但1680年左右开始将政治中心转移至凡尔赛宫，因而皇室和巴黎市民之间的归属感逐渐消失。

1670年，巴黎的市墙被拆除，从卢浮宫西端向西北延伸的"香榭丽舍大道"竣工，翌年"国立剧场（歌剧院）"开业。由于国王不在此定居，巴黎富裕市民阶层形成了宽松的自由氛围，艺术家和学者群英荟萃，否认王侯贵族及教会权威的伏尔泰和卢梭等人的启蒙思想传播开来。

18世纪末，巴黎人口约65—70万人。由于对外战争和粮食歉收导致国民税收负担增加，1789年，以市民袭击位于巴黎东部的"巴士底狱"为开端的法国大革命爆发。以"三部会"平民代表为中心的国民会议掌握实权并推翻了波旁王朝，并于1792年宣布实行共和政（第一共和政）。议会所在地巴黎再次成为政治中心，许多被认为是旧体制产物的教堂和贵族宅邸遭到破坏，卢浮宫则用以作为美术馆。

拿破仑三世在位期间完成

革命后的巴黎由激进势力和王政复古派引发的政变此起彼伏。最终，军人拿破仑击退与革命政权敌对的诸国势力掌握了权力，得到议会的支持即位为皇帝，1804年开始实行第一帝制。两年后为纪念战胜奥地利和俄国，巴黎开始着手修建香榭丽舍大街上的"凯旋门"，但最终的竣工时间却是在拿破仑下台后的1836年。

19世纪50年代，巴黎首家百货商店开业，使用铁柱和玻璃屋顶的拱廊式商业街（通道）广为流行，买家可以自由地边走边看琳琅满目的衣物及家具等商品，形成了一个现代化商业中心。1837年，巴黎开通了和西方的圣日耳曼昂莱之间的铁路。

在此期间，拿破仑倒台波旁王朝复辟，但波旁王朝在1830年的"七月革命"中再次被推翻，君主立宪的奥尔良王朝（"七月王朝"）成立。1848年，奥尔良王朝也在"二月革命"中被推翻，第二共和国成立。拿破仑之侄路易就任第二共和国总统后，在全民公决中获得民众信任作为拿破仑三世即位为皇帝，开始了第二帝制。

因担心巴黎人口激增会导致卫生环境的恶化，拿破仑三世命塞纳省省长奥斯曼对巴黎进行大规模再开发（巴黎改造）。

奥斯曼拆除了古建筑和过去革命中市民设置路障的狭窄小巷，修通了以雄狮凯旋门为中心呈放射状延伸的街道并修缮地下下水道，同时，为保持景观的统一性，规定建筑物的高度最高为7层。

如今的巴黎还有不少超过100年房龄的房屋，其中大部分建于第二帝政时期。

巴黎的20城区划分也是在这一时期确定的，以城岛西侧为起点是第1区，按顺时针方向螺旋状分布至20区，城区门牌号奇偶相对中间是道路，城市规划井然有序。

现在的巴黎市区

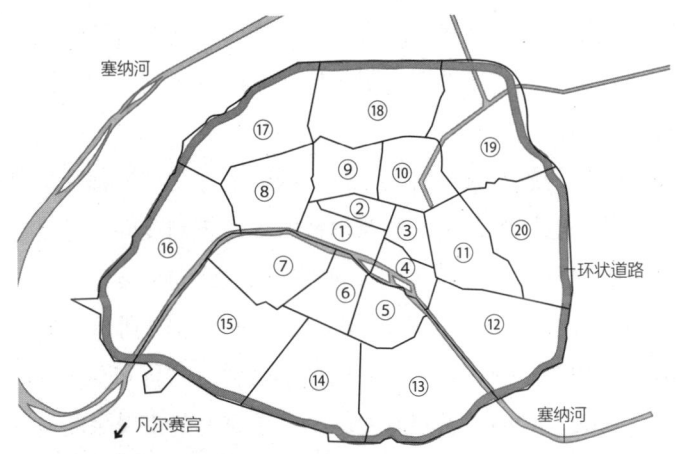

①卢浮宫美术馆　④城岛　⑥新桥　圣母院大教堂
③孚日广场　④⑪⑫巴士底广场　⑦埃菲尔铁塔
⑧香榭丽舍大道　⑨歌剧院（卡尼尔宫）⑰凯旋门
※圆圈中的数字为街区号

曾经不受欢迎的埃菲尔铁塔

1870年，德法战争（普法战争）爆发，法国战败，拿破仑三世被迫退位。战争结束后，混乱中成立了共和政体临时政府，巴黎暂时由工人阶级建立了自治政府（巴黎公社），但随后遭到军队镇压，临时政府发展为第三共和国。

1889年是法国大革命100周年，在第7区塞纳河畔建成了高达300多米的"埃菲尔铁塔"作为万国博览会的展品。在石砌建筑占大多数的当时，这座露出钢筋结构的巨塔被认为是与巴黎景观不相符的异类而不受好评，但在以后的发展中埃菲尔铁塔渐渐成为观光名胜而人气高涨。

20世纪，可可·香奈儿创办帽子店并发展为世界级时尚品牌。画家毕加索及小说家乔治·巴塔耶等人才济济，还有前卫的超现实主义艺术的诞生等，使巴黎确立了新文化发源地的地位。

巴黎作为旅游城市人气十足，因而被称为"花都"。另一方面，随着电灯的普及，埃菲尔铁塔等建筑物夜间点亮电灯呈现出美丽的夜景，"光之都"的别称也由此闻名遐迩。

1914年，第一次世界大战爆发，巴黎虽遭到德军的远程炮击，但并未遭受重大损失，战争结束后"巴黎和会"在此举行。"二战"时期，巴黎遭到德军占领，一些市民果断地继续举行抵抗运动。1944年，盟军解放巴黎，许多美国士兵在香奈儿的商店排队购买商品作为法国特产。

战时逃往英国的军人戴高乐在战后就任法国总统。然而工人和学生对强权性政策的不满情绪高涨，1968年，以巴黎为中心发生了大规模暴动（"五月风暴"），戴高乐被迫下台。

其后，为纪念戴高乐的功绩，巴黎市内雄狮凯旋门所在地由"星形广场"更名为"戴高乐广场"。

即使在现代，巴黎人民仍然对法国大革命和其后城市开发所建造的街道情有独钟。1989年，法国大革命200周年之际，巴黎在雄狮凯旋门以西又建造了一座110米高的新凯旋门（大楼）。

名城篇

微观世界史

阿姆斯特丹
—Amsterdam
新教商人建造的贸易城市

　　17世纪，随着贸易圈的扩大，阿姆斯特丹迎来了发展成为世界首屈一指大都市的黄金时代。但与此同时，辉煌的背后也出现因过度开垦而长期与洪水作斗争的问题。

　　黄金时代结束后，阿姆斯特丹至今依然作为荷兰王国首都持续发展着。

现属国：荷兰王国

人口：约114万人（截至2019年）

阿姆斯特丹全景图

国土开拓得益于风车

说起荷兰的特色,大概是其国土四分之一的海拔在海平面以下。首都阿姆斯特丹的老城区和铁路及高速公路在海平面以上,但空中门户史基浦机场等都在海平面以下。

土地在海平面以下容易发生水灾,自古以来荷兰就饱受洪水困扰,为应对洪水而修建了人工岛、拦河坝以及(海岸)堤坝。阿姆斯特丹这座城市之名,也源于为治水而修建的"拦蓄阿姆斯特尔河的大坝"。

另外,现在荷兰的名产风车也起到了治水的作用。风车最初是从德国引进而来用于小麦脱粒的,但也作为一种动力源用于排出倒灌进入土地的海水,并且还用于开垦湖沼,对扩大国土起到一定作用。史基浦机场和阿姆斯特丹郊区的贝姆斯特圩田等都是用风车排水建造的。

宗教宽容是发展关键

阿姆斯特丹原本是一个位于阿姆斯特尔河注入扎伊德尔海（今艾塞尔湖）入海口的一个小渔村。1287年，洪水使扎伊德尔海域扩大与北海相连，阿姆斯特丹作为贸易据点而受到关注。14世纪，阿姆斯特丹开始与控制北欧经济圈的城市联盟"汉萨联盟"进行贸易，由此开始繁荣起来。

16世纪后半叶，阿姆斯特丹取得了更显著的发展。其原因是1581年成为尼德兰联省共和国（荷兰）的首都，加之1585年属于布拉班特公国的国际商业据点——安特卫普遭西班牙军队摧毁。尤其是后者的影响更大，新教工商业者从安特卫普移居到阿姆斯斯特丹，使阿姆斯特丹的商业区从此前的局限于北海和波罗的海沿岸扩展到地中海沿岸。

当时葡萄牙里斯本垄断了香辛料相关的贸易。在这种情况下，1580年，天主教国家西班牙吞并了葡萄牙，导致与西班牙敌对的荷兰商船无法进入里斯本港口。因此，荷兰商人必须开拓不经由里斯本通往东方的自己的贸易网。从结果上看，这加速了荷兰在全世界范围内的扩张。

1602年，荷兰成立与东方进行垄断贸易的东印度公司，1621年成立与新大陆进行贸易的西印度公司。这两个公司都由阿姆斯特丹商人主导。不同于天主教国家的商人，荷兰商人没有把传教融入贸易中。这一举措发挥了有力作用。荷兰能够在限制与外国贸易的江户时代，与日本进行贸易往来就是一个例证。

阿姆斯特丹——Amsterdam

此外，阿姆斯特丹还扩大工商业规模。起因是发生于15世纪后半叶的西班牙国内对犹太人的迫害。遭受迫害的犹太人移居到新教教徒众多、对宗教十分宽容的阿姆斯特丹，从事钻石加工业和金融业。这推动了阿姆斯特丹工商业的发展。1609年，犹太人还出资成立了阿姆斯特丹银行，荷兰商人的资金周转变得更加顺畅，贸易也在逐步扩大。

17世纪初，阿姆斯特丹凭借资金充裕的贸易作后盾，成为世界上数一数二的商业中心，迎来了作为世界上最富有的城市的黄金时代。

但到了17世纪后半叶，由于英荷战争和法兰西王国军队的入侵致使荷兰国力衰弱。其后，由于1795年法国革命军的入侵，联邦共和国土崩瓦解，建立了以海牙为首都的巴达维亚共和国。

1806年，根据法国皇帝拿破仑的命令，建立了以其弟弟路易·波拿巴为国王的荷兰王国，共和国解体。在路易统治下，荷兰首都从海牙迁往阿姆斯特丹。自此在海牙设宫殿、议事堂和各国大使馆的同时，将阿姆斯特丹作为经济中心的习惯延续至今。荷兰王国也并没有持续太久，1810年，拿破仑废黜路易，荷兰成为法兰西帝国的附属国。

根据拿破仑战争后为商讨欧洲秩序而召开的维也纳会议的决定，荷兰作为联合王国于1815年实现独立。1830年，因占据联盟一席之地的比利时从联合王国分离独立，现代荷兰王国成型。

19世纪后半叶，工业革命的浪潮同样席卷阿姆斯特丹。原本停滞不前的城市工业和贸易再度兴起，加之劳动人口的增加，市域面积也不断扩大。

无数运河流经的老城区

查看现代阿姆斯特丹的地图，就会发现其市区呈扇状延展开来。扇子的核心部分是阿姆斯特丹中央车站，其北侧不远处是穿过艾湾的渡轮码头，南侧是阿姆斯特丹的中心——水坝广场，水坝广场西侧是荷兰王室的王宫。这一带称为中央地区。

围绕着中央地区的是老城运河区，城区沿着如蜘蛛网般流淌的运河而建。

由于城市内流经有无数条运河，阿姆斯特丹也被称为"北方威尼斯"。但两座城市的地基不同，威尼斯是拉古纳（潟湖），而阿姆斯特丹则是泥炭地。泥炭地是指由没有完全分解的土壤（泥炭）堆积而成的松软土壤。老城运河区的建筑就是在泥炭地里打入木桩，然后在其上建造的。

此外，黄金时代建设的三大运河"绅士运河""国王运河""王子运河"呈同心圆状流经老城运河区。运河原本是为了防御和水利而开凿的，不久后开始用于商业和市民生活。现在，许多人生活在漂浮于运河上的房船，据说这样的船多达2500艘。

在老城运河区周围，有一片为改善环境而规划的城市扩张计划区域。这是19世纪后半叶根据阿姆斯特丹市公用事业局工程师J.卡尔夫的建议而建的。

由于人口过于密集，当时市区的卫生和住房状况恶化，所以又在郊外新建了呈格子状的带有道路的住宅区。

现在为了应对移民而建造了艾湾人工岛，并在阿姆斯特丹的北部、西部以及东部都建了集体住宅，形成了新城。也就是说，阿姆斯特丹是以老区为中心，呈同心圆状不断地向外扩展的。

微观世界史 名城篇

伦敦—London
19世纪成为"世界中心"的城市

在傲视群雄、睥睨天下的"大英帝国"成立以前,伦敦就已是人头攒动、规模不断扩大的大城市,向世界展示了大英帝国首都的雄姿。

不过,这是此前伦敦克服灾害有计划地对城市进行大改造的结果。

现属国:大不列颠及北爱尔兰联合王国(英国)
人口:约918万人(截至2019年)

既是一国之都，也是联合国家之都

英国的正式国名是"大不列颠及北爱尔兰联合王国"，是由不列颠岛中部、南部的英格兰、北部的苏格兰以及西部的威尔士和爱尔兰岛北部的北爱尔兰组成的联合王国。

伦敦是联合国家英国的首都，同时也是英格兰首都。伦敦之所以成为英国首都，是因为联合国家中英格兰占主导地位。

公元前700年左右，来自欧洲大陆的凯尔特人开始居住在后来被称为伦敦的这片土地上。但不久，罗马人进军不列颠岛南部并征服了它。罗马人在不列颠岛南部各地建造城镇作为驻地，并修建放射状的道路将城镇连接起来。中心城市就是"伦迪尼姆"，位于不列颠岛南部，全长338千米的泰晤士河下游河畔。

伦迪尼姆是公元43年罗马军作为登陆不列颠岛的港口在泰晤士河北岸填沼泽地建造的。有说法认为伦迪尼姆这一名称来自凯尔特语的"沼泽地堡垒"。此后，不列颠岛中部和南部发展为罗马帝国的"不列颠"属州，其首府伦迪尼姆成为将产自不列颠的谷物运往大陆的据点。

罗马人将自己的文化带到了征服地，为此在伦迪尼姆建造港口设施和公共浴场用于贸易。

5世纪时，罗马人因本国内乱而撤退，日耳曼裔的盎格鲁·撒克逊人从欧洲大陆渡来。盎格鲁·撒克逊人统治不列颠岛中部和南部，建立了7个王国。这一时期伦迪尼姆开始被称为"伦敦"。

9世纪左右，北欧丹麦人入侵征服7个王国中除韦塞克斯王国以外的不列颠岛中部和南部。韦塞克斯王国国王阿尔弗雷德阻止丹麦人入侵并夺回伦敦。后来，阿尔弗雷德之孙阿瑟尔斯坦统一了不列颠岛的中部和南部（英格兰），开始使用英格兰国王的称号。

1015年，丹麦的卡努特率领丹麦人再次入侵并征服英格兰。次年，卡努特即位为英格兰国王。

政治中心地

卡努特去世后，阿瑟尔斯坦之孙爱德华国王于1042年即位，并在泰晤士河左岸建立了"威斯敏斯特教堂"。

1066年，法国诺曼底威廉公爵进攻英格兰即位为英格兰国王威廉一世。这导致法国文化涌入英格兰，诺曼人贵族开始控制英格兰贵族的领土。此次事件被称为"诺曼征服"。

威廉一世的即位仪式（加冕礼）是在威斯敏斯特教堂举行的。此后几乎所有的英格兰国王即位仪式都在此举行。

11世纪时，在威斯敏斯特教堂旁又修建了"威斯敏斯特宫"。1295年，国王爱德华一世在这座宫殿举行其后成为英格兰（英国）议会之典范的——模范议会。自1529年亨利八世将王宫迁至怀特霍尔宫以来，威斯敏斯特宫一直作为国会大厦使用至今。

因此，拥有举行加冕仪式的教堂和行政机构宫殿的威斯敏斯特地区，作为英格兰（英国）政治的心脏到现在已经持续运作了1000年。

此外，威斯敏斯特地区的唐宁街，10号——首相官邸，11号——财政大臣官邸等集中于此，还有英国女王伊丽莎白二世居住的"白金汉宫"（周末居住在伦敦郊外的温莎城堡）。

以大火灾为契机的城市改造

1558年即位的亨利八世之女——伊丽莎白一世在位时期，英国的绝对王政迎来了鼎盛时期，泰晤士河南岸形成了新的商业区等，城市不断扩张。

查尔斯二世在位期间伦敦遭受了两场大灾难。1665年鼠疫（黑死病）流行，据说造成约75000人病死。次年发生了"伦敦大火"——火势持续3天不减，以圣保罗大教堂等建筑为首的伦敦市内大部分地区受灾。

火势蔓延是由于伦敦的房屋大多为木质结构，加之为充分利用狭小的土地而不断向上增建等造成的。此外，也有观点认为之所以需要较长时间来扑灭大火，一方面是因为自大火发生的前年开始一直持续干旱加之恰好此时受季节强风影响，另一方面是因为房屋连甍接栋一直到泰晤士河河岸，因而无法确保消防用水。

鉴于这场大火，查理二世派克里斯多佛·雷恩等建筑师重新设计修建伦敦。此外，法律也得以完善——制定了《重建法》。内容除了拓宽道路外，还限制建筑物的层数并禁止新建使用砖瓦和石砌体材料以外的建筑。

由此居住环境得以改善，鼠疫等疫病也不再发生，并且借此机会将泰晤士河沿岸恶臭连天的工厂群迁移到城外，还在河流和建筑之间留出一个空间作为卸货地点，以应对日益增加的船运。

此外，还将此前仅适用于海上保险的损害保险的范围扩大至适用于火灾造成的损失。从1680年全球首家火灾保险公司"火办"成立开始，一批批火灾保险公司应运而生。

火灾之后，伦敦从一座中世纪城市涅槃重生为一座现代化都市。伦敦的人口持续增长，1600年，人口不过20万人，但到了1700年已超过50万人，成为欧洲最大的城市。

"大英帝国"的首都

在世界各地都拥有殖民地被誉为"日不落帝国"的英国，于1837年即位的维多利亚女王在位期间迎来了发展的鼎盛时期。

19世纪，伦敦邀请列强各国政要，在伦敦召开"伦敦会议"及"伦敦海军裁军会议"等国际会议。1851年，伦敦举办了世界上首届万国博览会"伦敦万国博览会"，向世界展示了英国的国力。

17世纪伦敦城区

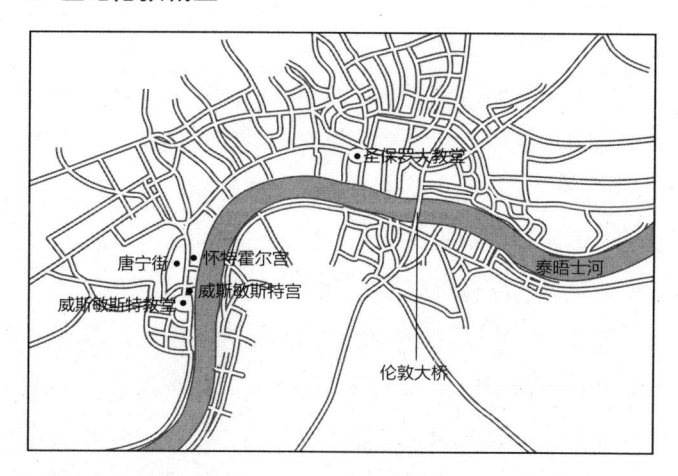

参考大英图书馆所藏《1942年至1643年由议会颁布的加强伦敦市郊防御的计划》制作而成；
这一时期威斯敏斯特地区已是政治中心

1884年，穿过伦敦郊外"格林尼治天文台"的子午线被定为0°经度，确定世界标准时间"格林尼治标准时间"。此时，伦敦在地理上成为世界的中心。

这一时期，凭借于18世纪后半叶正式开始的工业革命，英国机械制造工业得以发展，生产力显著提高，被称为"世界工厂"，并由此向资本主义社会过渡。一般认为工业革命成功的主要原因是海外市场大、劳动力充足并且金融市场发达。

英国的金融市场被称为"伦敦金融城"，正式名称为"伦敦城"，是指位于威斯敏斯特地区附近占地面积约2.9平方千米的区域，至今仍是伦敦的经济中心。

伦敦金融城的成立可追溯至12世纪左右。当时，意大利人在商人聚集的地区开了银行，这是金融城的起步。其后，又于1571年设立皇家交易所（毁于伦敦大火），1694年设立英格兰银行（英国中央银行）。如今这里有伦敦证券交易所和劳埃德保险公司大楼总部等，成为世界上首屈一指的金融中心。

尽管城市规划改变了郊区的面貌，但伦敦金融城却以其特殊的地位保持高度的独立性。现代的伦敦金融城由与伦敦不同的市长执政，并有独立的警察组织。英国的王权无权干涉伦敦金融城，即使是皇室成员也必须得到市长的许可才能进入。也就是说，伦敦金融城可以说是伦敦中的另一座伦敦。

工业革命吸引了大量劳动者涌入伦敦。伦敦西部居住着富人阶级，东部则形成了过于密集的工业区和贫民窟，导致霍乱等瘟疫和犯罪数量增加。以这样的时代为背景，柯南·道尔出版了侦探小说"福尔摩斯"系列，也发生了臭名昭著的开膛手杰克事件。

今伦敦市中心

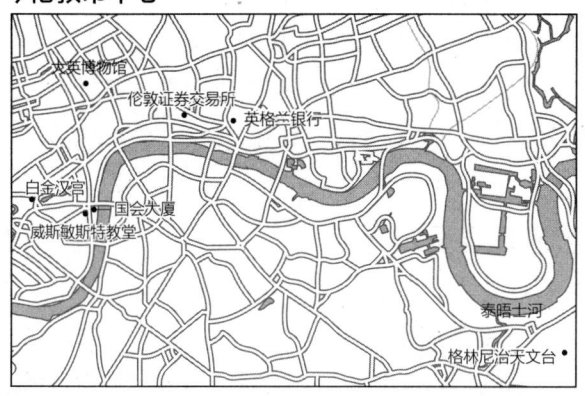

伦敦金融城是经济中心,中央银行和证券交易所均设于此地

当时的伦敦被称为"雾都"。这种雾是由化石燃料燃烧扩散的烟和煤灰等大气污染物质形成的。这种空气污染一直持续到 20 世纪中叶。1952 年 12 月,伦敦发生连脚下都看不见的严重大雾,据说当年因支气管疾病而丧命的人多达 12000 人。

因德国空袭而遭受重创

人类历史上首次世界性战争——第一次世界大战爆发于 1914 年。"一战"中,飞艇和飞机被用作武器,伦敦遭到德军轰炸。1915 年 5 月的飞艇空袭造成 7 人死亡、35 人负伤,令手无寸铁的伦敦市民人心惶惶。

英国虽是第一次世界大战的战胜国,但由于战争灾害加上殖民地独立运动频发,致使国力衰弱。

在1939年爆发的第二次世界大战中，伦敦成为不列颠之战的空战战场，遭到德国空军的猛烈空袭（"伦敦大轰炸"）。世界上第一枚弹道导弹V2火箭也用于此次空袭之中。因为对V2火箭没有有效的拦截方法，导致伦敦市区遭受重创。

世界新城建设之典范

在第二次世界大战即将结束的1944年，"大伦敦计划"开始启动。这一城市规划的目的是借空袭城市遭受重创之机，解决伦敦自工业革命以来人口密集和建筑拥挤的问题。

"大伦敦计划"的主要内容大致可分为三部分："绿化地带（绿化带）""新城法"和"职住接近"。即在现有的市区周围设置绿化带，在其外侧建设新城。

绿化带设于从伦敦市中心开始向外的30—50米一带。接着，1946年，在限制无计划地向郊外扩大的基础上，制定了以建设兼具工作、居住和娱乐等功能的城市为目的的"新城法"。

于是，在伦敦郊外的斯蒂夫尼奇及哈罗等8个合计约8万—10万人规模的城镇被指定为新城而开发起来。

在新城，工厂等工作场所和居住地在同一条街内，不需要来回通勤而带来了极大的便利。

伦敦虽失去了世界中心的地位，但成为以日本首座新城"千里新城"（大阪府）和"多摩新城"（东京都）为首的世界各国新城建设的典范，对第二次世界大战后的城市开发也产生了深远的影响。

微观世界史 名城篇

纽约—New York
19世纪成为"世界中心"的城市

  现代的纽约高楼大厦林立，道路呈格子状纵横交错，是全球政治、经济和文化中心城市。

  以目前之盛况很难想象在19世纪初，纽约还只是一个地广人稀，人口不过10万左右的城市。它之所以能一跃为美国最大的大都市，是因为其政府首脑具有先见之明和决断之力。

现属国：美利坚合众国
人口：约860万人（截至2019年）

美国移民的门户

纽约是美国最大的城市，人口是美国第一，物价和地价也居美国首位。

2019年，管理咨询公司A.T.科尔尼对世界各城市的经济、文化、政治等进行了量化调查比较，结果显示：纽约市成为世界上最具竞争力和影响力的城市。

纽约是一座面向大西洋，位于哈德逊河和东河的交汇处的城市，隶属于美国东部纽约州。纽约地处北纬约41°、西经约74°，纬度大致与青森县（日本）相当，冬天虽然有些冷，但积雪没有青森县那么多，全年气候和东京相似。

现在美国的人口约3.3亿人（截至2020年），其中90%是在19世纪末到20世纪初赴美移民的后裔。

当时美国移民局设在位于上纽约湾的爱丽丝岛上。从欧洲等地乘船渡海而来的移民在登陆前首先映入眼帘的是屹立于爱丽丝岛旁边象征着美国的——"自由女神像"。移民在爱丽丝岛上接受移民审查后就正式成为美国公民。纽约是从欧洲向移民国家美国移民的门户。

来自欧洲的移民成为廉价劳动力，促进了军需及汽车等产业规模飞跃式扩大。1894年，美国工业生产总值超过英国位居世界第一。20世纪中叶，美国占世界总产值的一半，但近年来中国已经超越了美国。

随着交通工具的进步，远距离的出行从船舶变为飞机，因此出入境口岸变成纽约市东南的约翰·菲茨杰拉德·肯尼迪国际机场和拉瓜迪亚机场等，纽约依然是美国的门户。

美国首个首都

1492年,哥伦布到达美洲大陆,此后美洲大陆开始被欧洲人所知,但哥伦布一直深信这片大陆是印度。

发现新大陆以后,欧洲各国为进行贸易和抢夺资源开始向南北美洲大陆进军。英国和法国积极进军北美,而荷兰也成立西印度公司进行贸易。

1625年,荷兰西印度公司进军曼哈顿岛,因这里有第二座阿姆斯特丹之称而将其命名为"新阿姆斯特丹",作为海狸等毛皮贸易的据点。这就是纽约的开端。

有一种说法,曼哈顿岛上有原住民美洲人,荷兰人从他们手中以相当于当时24美元的玻璃珠换取了曼哈顿岛。

荷兰人在曼哈顿岛上建了一堵墙,后来又在这堵墙的所在地建了一条街,这就是今天成为世界金融中心的华尔街。

17世纪的英格兰,国王查理一世强迫人们信仰英格兰国教,迫害清教徒。1620年,清教徒乘"五月花"号到达北美洲大陆(首批清教徒移民)。1640年,查理一世的专制统治引发了清教徒革命。领导革命的克伦威尔一派处决了查理一世,王政随之倒台,英格兰暂时过渡为共和政府。但克伦威尔去世后,查理一世之子查理二世即位复辟君主专制。

其间,英格兰在北美大陆的殖民化运动仍不断推进,与同样在北美大陆拥有殖民地的荷兰形成对立。1644年,英国国王查理二世之弟约克派遣军舰前往新阿姆斯特丹。随即,当地居民投降成为英国的属民,新阿姆斯特丹也根据约克公爵之名改称为"纽约"。

1672年,法荷战争爆发,其后英国也对荷宣战。1673年,荷兰夺回纽约并将其更名为"新橙"。但是，英国于次年再度占领纽约。根据战后《威斯敏斯特条约》的规定：曼哈顿岛永久地成为英格兰（英国）的领土。

因为有这样的历史渊源，所以直到现在纽约还能看到荷兰占领时期留下的痕迹。纽约市旗的右端就是象征荷兰的橙色。此外，曼哈顿哈莱姆地区的命名并非来源于土耳其的哈莱姆，而是荷兰人移民者哈莱姆。

这一时期的英国在世界范围内四处征战，所以，为了筹措战争资金，它开始对殖民地征收重税。北美大陆殖民地的人们对此表示强烈反对，以1773年"波士顿倾茶事件"为契机，美国爆发了独立战争。纽约成为英格兰军队的据点，因其面向大西洋便于往返英国本土而作为通商口岸发展起来。

结果，以法国和荷兰等国为盟友的美国取得胜利，从英国独立出来。1886年为纪念美国独立100周年，法国赠送美国象征自由独立的纽约"自由女神像"作为友好的证明。

1788年9月13日，纽约入选美利坚合众国首座首都。次年，乔治·华盛顿在华尔街的美国议会大厦当选为首任总统。1790年，美国迁都到临时首都费城，尽管纽约作为首都仅仅持续了一年时间，但它也曾是首都。

不再将纽约作为首都的原因是考虑到纽约作为经济城市成长显著，如果将首都置于此会妨碍其经济发展。也有说法认为是为避免13个殖民地（13州）之间产生冲突，有必要建设新的首都。此后，还有出于防卫层面的考虑：如果首都位于沿岸地区容易受到海外势力的攻击，等等。

纽约市和曼哈顿

19世纪上半叶，纽约金融业发达，形成了以新教为中心的稳定的中产阶级社会。在这样的社会背景下，纽约修通了经哈德逊河连接工业区域的五大湖和纽约港的伊利运河。通过有效利用比陆上货运更为便利的运河，大大降低了产品的运输成本，从而增加了贸易额。

此外，还实行了在曼哈顿岛建设格子状道路网的城市规划。1811年，德维特·克林顿——这位被誉为"史上最伟大的纽约人"的纽约市长，预想到未来纽约人口将超过100万，由此制定了建设2000多个街区的计划。

根据这一规划，曼哈顿岛上修建了向南北方向延伸，每条间隔约30米的"大道"12条，以及向东西方向延伸，比大道间隔更短的"街道"155条。因此，1834年，纽约超过费城成为全美规模最大的城市。

现在的纽约市由曼哈顿区、布鲁克林、布朗克斯区及斯塔滕岛区、皇后区5个区组成，是在1891年通过合并其周边地区扩大市域面积而来。通常在美国的行政区划中，州下设"县"，县下设"市镇村"，但纽约情况特殊，市下设县，这是因为在设区之时撤县并入市。

区和县的区域一致，曼哈顿是"纽约县"，布鲁克林是"金斯县"，皇后区是"皇后县"，布朗克斯区是"布朗克斯县"，斯塔滕岛区是"里奇蒙县"。行政机关职能由区承担，县几乎不承担，甚至于地方检察官会同时被公选为县行政官员。

在5个区中，曼哈顿是曼哈顿岛南侧突出一端的地区，它是纽约的中心，也可以说是人们印象中的纽约。

除了纽约市政厅以外，联合国总部大楼、中央公园、大都会艺术博物馆和美国自然历史博物馆，以及被称为"世界的十字路口"的时代广场，剧场街——百老汇大道和第五大道购物街，世界金融证券中心华尔街和以洛克菲勒中心为首的摩天大楼建筑群，都位于此地。

曼哈顿之所以能建造这么多大楼，是因为其地基坚硬适合建造高层建筑。另外，在此前石砌建筑的基础上，掌握通过钢筋构造层层往高处建造这样发达的技术也是原因之一。

曼哈顿摩天大楼建筑群的建造始于1900年前后。20世纪20年代末期，掀起了一股建造高楼建筑的热潮。

1930年建成高283米的"特朗普大楼"、高320米的"克莱斯勒大厦"；次年建成高443米共102层的"帝国大厦"，

曼哈顿区的中心城区

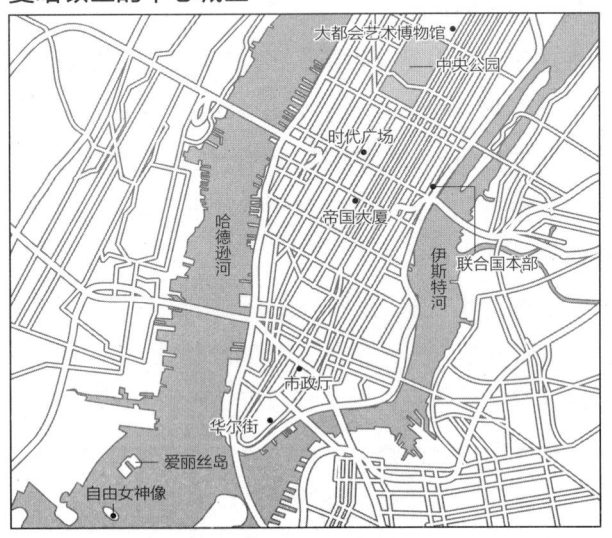

从曼哈顿的中心区域到南部，集中了许多著名的旅游景点

在 1972 年被"世界贸易中心大楼"超越之前，它是世界上第一高楼。

地面上高楼林立的同时，纽约于 1904 年又开通了地铁。究其原因是人口增加和马车导致交通堵塞时有发生，但地面的开发十分困难。最初是在下曼哈顿区和哈莱姆之间开通了一条长 14.6 千米的路线，到了 20 世纪 20 年代延长至它的数十倍，如今已发展为 24 小时运营的以曼哈顿为中心覆盖全市的总路线长 375 千米，年客流量 17 亿人次的庞大地铁网。

然而自 20 世纪 40 年代以来一直没有开通新的线路，直到 70 后年在 2017 年才开通了"第二大道线路"。

20 世纪"冷战"结束以后，美国成为世界上唯一的超级大国，但 2001 年 9 月 11 日发生的恐怖袭击事件却使纽约遭受重创。但很快纽约就投身于复兴事业，建造起新的世界贸易中心大楼。素有"世界中心"之称的纽约，不仅是过去，在现在依然是多样人种不断涌入、多样文化交汇在一起，不断创造着新文化的都市。

微观世界史 名城篇

维也纳—Vienna
哈布斯堡家族建造的"音乐之都"

　　欧洲的民族大致可以分为德国等西北的日耳曼语圈、意大利等西南的拉丁语圈以及俄罗斯和其他东部的斯拉夫语圈,维也纳大致位于这三个地区的中间地带。

　　13世纪,维也纳成为哈布斯堡家族的根据地,不久便取得了神圣罗马帝国的首都之位。这个多样民族涌入的帝都,尤其是在18世纪以后,音乐家、艺术家及学者等人才辈出。

现属国:奥地利共和国
人口:约192万人(截至2019年)

罗马帝国时代开始就是物流要冲

有海顿、舒伯特、莫扎特和贝多芬等著名作曲家活跃的维也纳，作为"音乐之都"而闻名遐迩，同时也是众所周知的"森林之都"。事实上，如果看维也纳的航拍，就会发现市北部的奥花园还有流经中央地区的多瑙河沿岸一带是一片绿意盎然之地。

古代统治欧洲西部的罗马人将莱茵河和多瑙河作为和居住在欧洲东部的日耳曼人势力的分界线，在多瑙河和维也纳交汇处安营扎寨建造军事驻地。这里被称为"文多波纳"，在欧洲北部的凯尔特语中为"森林小溪"之意。

之后成为维也纳的文多波纳，是将产自北波罗的海的琥珀和毛皮等运往南地中海沿岸的"琥珀街道"和连接西欧东欧的"多瑙河之路"交汇处的物流交通要冲。日耳曼人开始将这座城市称为维也纳或维安。3世纪，维也纳发展成为人口约1万—2万的自治城市，但476年西罗马帝国解体以后就逐渐荒废了。

8世纪，法兰克王国的查理大帝将以维也纳为中心的一带地区命名为"Marcha orientalis（东方边疆领）"，交由地方行政官边疆公爵统治。Marcha orientalis 后来被称为"奥地利"。

11世纪十字军东征开始后，维也纳作为从西欧到中东的中转站，重要性愈发提高，逐渐恢复了它作为商业城市的繁荣景象。12世纪后，南德贵族巴本堡家族在维也纳建造了一座王城作为统治奥地利的据点，并将今市中心约3平方千米的区域用市墙包围起来。巴本堡家族于1246年绝嗣，其领地落入统治波西米亚（今捷克西部）的奥托卡二世之手。

最初不受市民欢迎

　　10 世纪，在今德国所在地区形成了以天主教会为后台的神圣罗马帝国。1273 年，以瑞士为主要势力范围的哈布斯堡家族的鲁道夫一世即位为神圣罗马帝国皇帝，5 年后他击败奥托卡二世将奥地利收入囊中。鲁道夫一世为巩固对奥地利的统治而迁都维也纳。但因哈布斯堡家族是外来势力，同时又剥夺了商人此前拥有的自治权而遭到维也纳市民的反对。

　　14 世纪时，维也纳因鼠疫（黑死病）大爆发而遭受重创，许多市民因疫病等身亡。但维也纳建造了有高达 136.7 米塔尖的斯特凡大教堂以及德语圈最古老的大学维也纳大学等，成长为中欧首屈一指的大都市。

　　1438 年以后，哈布斯堡家族力压其他有权势的诸侯，几乎独揽神圣罗马帝国皇帝之位，维也纳也成为皇帝的囊中之物。

　　获得帝都之位的维也纳在中世后期成为与罗马齐名的天主教文化圈中心，吸引了众多商人、神职人员以及学生等慕名而来，同时也居住着大量异教徒犹太人工商业者。市内酿造了大量用于天主教圣餐（使用面包和葡萄酒的基督教仪式）的葡萄酒，通过多瑙河流通到欧洲各地。

两次击退奥斯曼帝国

　　神圣罗马帝国经常受到伊斯兰外国势力的威胁。13 世纪时，蒙古帝国一度逼近维也纳以北 350 千米左右的瓦尔斯塔特（今波兰的里格尼茨）。

　　15 世纪以后，围绕在地中海和巴尔干半岛的霸权之争，

14 世纪的维也纳

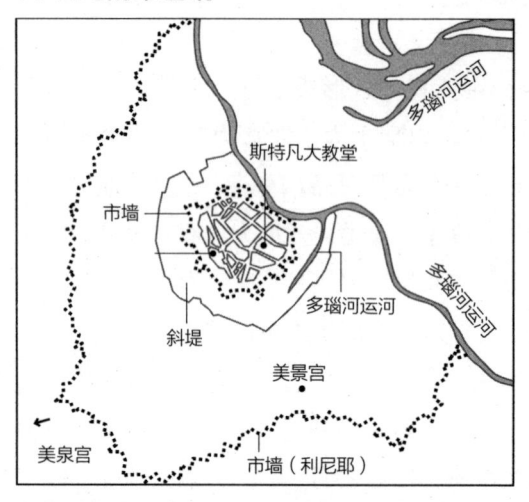

参考岩波书店《近代维也纳城》p18 制作而成；为提高城市的防御力，在内外分别修建了市墙

神圣罗马帝国与伊斯兰王朝奥斯曼帝国时起冲突。1529 年，奥斯曼帝国与法国结盟，派 12 万大军包围维也纳。由于奥斯曼帝国军队没有大炮，因此无法突破市墙。为避免持久战争陷入坚持，奥斯曼军队不得不在冬季到来之前撤退。以此次"第一次维也纳之围"为契机，神圣罗马帝国开始真正着手加固市墙。另外，为防止鼠疫的流行和大火灾，维也纳又于 1565 年修缮了上水道。

1618 年，"三十年战争"爆发，各地信仰新教的诸侯纷纷起义。维也纳市内的新教徒市民也与支持皇帝的天主教市民发生冲突。此外，信奉新教的瑞典军队逼近维也纳以北，但因与其结盟的匈牙利军队没有到达而撤退。

"三十年战争"削弱了神圣罗马帝国的国际影响力，到了 1683 年，奥斯曼帝国又发动了"第二次维也纳之围"。

奥斯曼帝国派出了超过第一次的多达 20 万的大军进攻维也纳，在罗马教皇的号召下，波兰和西班牙等天主教国家的援军也集结于维也纳。波兰骑兵等击退了奥斯曼帝国军队。两次维也纳保卫战的胜利也成为欧洲基督教国家崛起和伊斯兰奥斯曼帝国衰落的拐点。

另外，撤退的奥斯曼帝国军队留下的物资中有咖啡豆，这使得后来咖啡文化在维也纳遍地开花。

由于两次击退奥斯曼帝国，哈布斯堡家族在维也纳的威望和市民的安全感都得以提高，而居民人数的增加使得建筑事业也如火如荼地开展着。17世纪末，对维也纳西南占地1.7平方千米的美泉宫进行了改建，市域面积扩大到了墙外一个叫利尼耶（市墙）的区域。加之安装了路灯，晚上也能安全行走，城市治安得到大幅改善。

母子两代人推进的城市改造

1740年，玛丽娅·特雷莎成为哈布斯堡家族的首领。1745年，其丈夫弗朗茨即位为神圣罗马帝国皇帝。由于军事实力羸弱受到北德新兴势力普鲁士的威胁，玛丽娅·特雷莎为了赢得维也纳贵族、大商人以及友邦访问者的支持而致力于举办观剧会、音乐会等文化活动。与歌剧有关的音乐家开始得到政府的大力支持而大显身手。

此外，也开始放宽出版审查制度，市内报纸和杂志的出版活动更加活跃，维也纳开始聚集了很多追求自由表达的文化人士。

玛丽娅·特雷莎之子约瑟夫二世是一位比母亲更为开化，受到先进启蒙的专制君主，他向市民开放了市内曾经作为皇室一族狩猎场的普拉特地区，并着便服在市内绿地散步。约瑟夫二世于1781年颁布宗教"宽容令"，大大缓和了新教徒和犹太教徒的抗议活动，维也纳日益成为多民族人们聚集之城。

这一时期维也纳包含周边地区的人口约达20万人，是欧洲仅次于伦敦、巴黎和那不勒斯的大城市。

18世纪末，来自西部波恩的贝多芬活跃于维也纳。他的交响曲《英雄》的创作对象拿破仑于1805年占领了维也纳。因此皇帝弗朗茨二世退位，神圣罗马帝国解体，但后来他又成为成立于1804年的奥地利帝国的皇帝。拿破仑在其后四年进驻维也纳，在维也纳期间他喜欢观剧并出席了追悼海顿的演奏会。

1814年拿破仑倒台后，欧洲各国为处理拿破仑战争的战后事宜召开了"维也纳会议"，但始终未能达成一致，就像连日举行的舞会一样被评价为"会议虽有起舞，但终无进展"。最终，在奥地利外交大臣梅特涅的主导下，法国王政复辟并且各国势力范围得以确定。这一框架被称为"维也纳体系"。

"维也纳体系"试图恢复欧洲各国王室的保守秩序，但1848年法国爆发的"二月革命"运动蔓延至欧洲各地并点燃了维也纳的革命烈火。维也纳市内发生了工人暴动事件，出动镇压的军队被包围在围绕市中心的市壁里而耽误了进军时间，加上疫病的蔓延等问题备受关注，因而拆除了建于中世纪的市墙。1865年，在市墙遗址上修建了全长约4000米的环形公路"环形大道"，同一时期也完成了维也纳皇家歌剧院（现为国家歌剧院）的修建。

文化名人荟萃一堂

奥地利帝国的官方语言是德语，但19世纪时的版图包含了属于西斯拉夫语圈的捷克和波兰，属于南斯拉夫语圈的克罗地亚和波斯尼亚·黑塞哥维那，以及使用亚裔马扎尔语的匈牙利和拉丁语圈的罗马尼亚的一部分等。1859 年，在帝国境内的迁徙实现自由化，所有这些地区各个民族的人们都涌入维也纳。1890 年，维也纳人口约有 136 万，其中只有 45% 的公民出生于维也纳。

现在的维也纳市中心

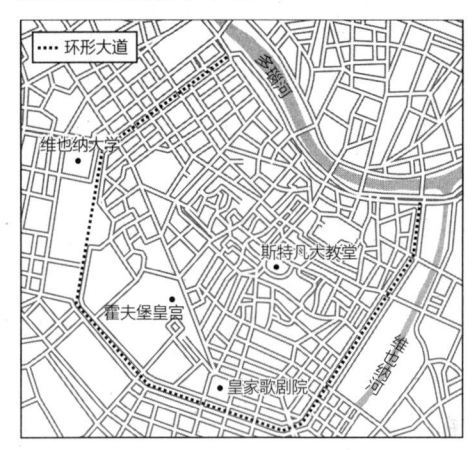

图片参考岩波书店《近代维也纳城》p18 制作；曾经在内外建造的市墙，在城市改造之际被拆除，在外市墙的遗址上修建了环形大道

例如，活跃在维也纳的音乐家舒伯特、精神分析医生弗洛伊德都来自摩拉维亚（捷克东部）。同时，也有像哲学家维特根斯坦一样生长于维也纳，成年后活跃于海外的人。19 世纪末到 20 世纪初的维也纳，除上述名人以外，还有音乐家马勒、画家克里姆特以及小说家霍夫曼等各领域的人才，创造了被称为"世纪末的维也纳"的文化潮流。

第一次世界大战爆发在即，后来分别作为德国领导人和苏维埃社会主义共和国联盟（苏联）领导人而发生冲突的希特勒和斯大林此时也同时滞留在维也纳。当时的维也纳市长鲁埃格不满市内多民族混杂以及哈布斯堡家族重用财务精湛的犹太人官员的状况，极力鼓吹排外的"反犹太主义"。据说青年时期的希特勒受到了鲁埃格的影响，以及在维也纳美术大学入学考试中落榜的经历使他对犹太裔艺术家产生了反感。

第一次世界大战结束后，1918年，奥地利过渡为共和政府，哈布斯堡家族从此走下了在维也纳统治约600年之久的宝座。

1938年，纳粹德国将奥地利并入德国。因此，成为轴心国城市的维也纳在第二次世界大战结束后被美国和苏联等联盟国家瓜分。战后的奥地利从德国分离出来，1955年被解除占领后，宣布成为不属于东西方两个阵营中任何一个的永久中立国。其后，又于1995年加入了欧盟（EU）。

经哈布斯堡家族一手培育的具有丰富灿烂文化的维也纳，如今仍有各民族的人纷至沓来，作为"音乐之都"和"森林之都"受到众多游客的青睐。

微观世界史
名城篇

里约热内卢
—— Rio de Janeiro

建于热带美港的新城

  里约热内卢狂欢节，人们伴随着桑巴的节奏载歌载舞，作为巴西的象征性盛会而受到青睐。

  开拓于16世纪的里约热内卢，作为南美大陆的金银和咖啡等商品的出口港而发展起来。19世纪初，里约热内卢历经坎坷成为宗主国巴西的首都。多人种和阶层混杂在一起的里约小镇产生了以桑巴等为代表的众多独特的文化。

现属国：巴西联邦共和国
人口：约1338万人（截至2019年）

世界上最美的港口之一

从日本的角度看，里约热内卢位于地球的另一侧，面向大西洋沿岸的瓜纳巴拉湾，紧邻翡翠绿大海背后、广布着亚马逊森林的海岸，因耸立着被称为"糖面包"的巨大奇石景观而闻名，与美国的旧金山湾和澳大利亚的悉尼湾并称为"世界三大美港"。

因为位于南半球，所以每年的12月到来年4月为夏季且正值雨季。夏季的平均气温为27℃，冬季也和冲绳县的宫古岛的气温大致相当，有22℃，全年气候温暖。

大约从8世纪开始，在沿海地区从事渔业的塔莫伊奥族以及在内陆森林以狩猎为生的图皮族等原住民在此定居。

1502年1月，远渡大西洋而来的葡萄牙探险家佩德罗·阿尔瓦雷斯·卡布拉尔一行到达瓜纳巴拉湾。他们认为此地地处河口，因此将其命名为"里约热内卢"，意为"一月河流"。

起初，葡萄牙人受到原住民的抵抗而无法在此建立殖民地，但在此期间法国人入侵。不久，葡萄牙人和法国人起了争端，葡萄牙派巴西总督梅姆·德·萨之侄埃斯塔西奥将法国人驱逐出境，为1567年里约热内卢小镇的建立奠定了基础。

巴西属热带气候，不适宜种植小麦，因此葡萄牙人奴役原住民开拓甘蔗大农场，同时在巴西内陆也推进黄金和钻石的开采，而里约热内卢就成为这些商品的出口港。葡萄牙将巴西殖民地的首都设在北部的萨尔瓦多，但到18世纪时里约热内卢已成为经济中心，因而在1763年巴西将首都迁至里约热内卢。

葡萄牙王室整体搬迁

1807年，葡萄牙遭到拿破仑率领的法军入侵，首都里斯本被占领。在英国海军的支持下，约1.5万名王室贵族、官员及其家族横渡大西洋，迁都至里约热内卢。欧洲一个包括王室在内的统治者整体搬到了南美。

当时市内人口约3万人，居民大部分是从非洲掳来的黑人奴隶。由于里约热内卢几乎没有学校等文化设施，因而葡萄牙人相继兴建了王宫、教堂、剧院、图书馆以及博物馆等设施。

拿破仑于1815年倒台，葡萄牙王室成员为维持对巴西的统治而继续留在里约热内卢，他们不将巴西作为殖民地而是与葡萄牙本国平等对待，作为联合王国（葡萄牙·巴西·阿尔加维联合王国）。

里约热内卢基督像

此前，葡萄牙将巴西殖民者集中于大农场经营农业并限制工商业的发展，但迁都后对这一方针进行了大的调整。即将里约热内卢作为不对货物征收关税的自由港，因此商船入港数由 1806 年的 90 艘迅速增加到 1820 年的 354 艘，其中大部分是英国船只。城市化迅猛发展的里约热内卢数年间人口增加到 10 万人，英国和法国的工商业者以及文化人士也开始大量移民于此。

随着产业的发展，巴西主张脱离葡萄牙取得独立的呼声日益高涨。1822 年，独立派拥立葡萄牙王室出身的佩德罗为皇帝宣布建立"巴西帝国"。独立后的巴西逐渐将投资比甘蔗更为廉价的咖啡栽培大农场发展为支柱产业，并完善连接内陆农场地带和出口港里约热内卢的铁路网。

位于南部可以俯瞰里约热内卢城的科尔科瓦多山如今是一座自然公园，但在中世纪却遍布着咖啡农场。后来为纪念巴西独立 100 周年，在海拔约 700 米的山丘上建立了高约 30 米的基督像，成为里约热内卢的地标。

产生于贫民窟的桑巴

巴西于 1888 年废除奴隶制，次年转向共和制度。这一时期里约热内卢人口达到了约 50 万人。由于新居民多是解放了的奴隶等贫困阶层，卫生和治安恶化成为社会问题。

1902 年，罗德里格斯·阿尔维斯总统任命的佩雷拉·帕索斯在青年时期曾留学英国，学习巴黎州长奥斯曼推行的现代化城市规划。

帕索斯以巴黎为模范对里约热内卢进行了大改造——修

缮了全长约3000米的里约·布兰科大道，并新建了市政厅、国家美术馆和以巴黎歌剧院为模范的剧院等。

现在的里约热内卢市中心

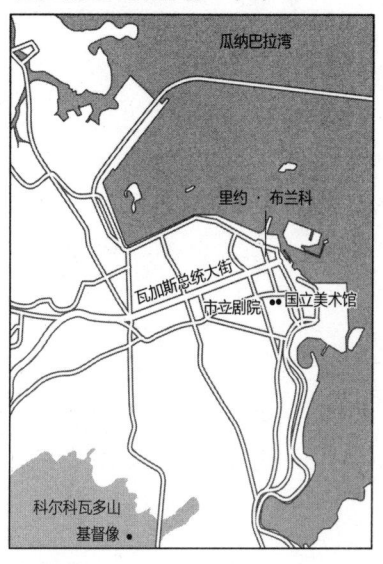

里约·布兰科大道上集中了许多重要的建筑物

多数贫困阶层的人们因城市的再开发政策被驱赶至郊区，在城市近郊形成了被称为法韦拉的贫民窟。桑巴就是从法韦拉黑人创造的舞曲中产生的，它与每年2月前后都会举行的狂欢节（谢肉祭）结合起来，到了20世纪20年代传播至巴西全境。在里约热内卢，文化超越种族和阶层不断融合，20世纪50年代，富裕阶层的白人将大众性的黑人音乐桑巴编排成巴萨诺瓦从而流行开来。

伴随着城市化的发展，人口过于密集的问题日益突出，整个巴西的大城市都集中在沿海地区，因此独立以来就开始探讨将首都迁至内陆地区。1960年，新都"巴西利亚"建成，主要行政机构搬离里约热内卢。但此后里约热内卢在2014年成为巴西世界杯举办地并在2016年成为奥运会举办地，等等，依然作为商业中心持续发展着。

里约热内卢——Rio de Janeiro

名城篇

微观世界史

悉尼—Sydney
建于里亚式海岸的港湾都市

作为南半球的代表性城市之一，悉尼与澳大利亚的开拓一路同行。19世纪以后，这座由移民建造的美丽港湾成为大英帝国在太平洋的重要据点。

人们普遍认为悉尼似乎与大的战争无缘，但有一个国家却直接袭击了这座城市，而且与这个国家的战争事关澳大利亚的独立。

现属国：澳大利亚联邦

人口：约486万人（截至2019年）

开疆拓土的首日即为建国日

如果把世界地图沿赤道折弯，就会发现悉尼与日本的山口县下关市几乎重合。澳大利亚大陆位于南半球，靠近赤道的北部是高温的热带草原气候，内陆大部分地区是沙漠气候，但分布着悉尼和堪培拉等主要城市的东南部则与日本和欧洲一样是温带气候，因适宜居住而最早被开发出来。

一般认为，在大约5—10万年前被统称为Aborigines的原住民从东南亚迁徙至澳大利亚。原住民因地域不同，其语言和生活方式也截然不同，东南部有以狩猎为生的卡米拉罗依人等。

17世纪40年代，隶属于荷兰东印度公司的塔斯曼首次探险澳大利亚大陆东南部和新西兰，随后1770年英国詹姆斯·库克（俗称"库克船长"）正式对澳大利亚展开调查，并宣布其归英国所有。

古希腊人认为南方有不为人知的大陆并将其称为"墨瓦腊泥加"。大航海时代的欧洲人最初认为澳大利亚大陆即为此大陆，因此将其命名为与"直通南极"一词英语发音相似的"澳大利亚"。

起初英国并没有发现这片南半球大陆的特别价值。但由于1776年北美殖民地（美利坚合众国）独立，英国人开始开拓澳大利亚作为取代北美的新殖民地和囚犯流放之地。

1788年1月26日，英国海军总督亚瑟·菲利普率领首支开拓团登陆澳大利亚。这一天被称为"澳大利亚日"，即建国纪念日。菲利普一行以当时英国内政大臣之名，将登陆地命名为"悉尼"。据说首批居民有1000多人，其中有处以流放的囚犯及其家属 751 人，军人及其家属 252 人。

凭借羊毛和捕鲸得以繁荣

悉尼的地形特征是其海岸线为错综复杂的里亚式海岸。这样的地形不仅有利于建造码头，而且在湾内还能避开外海的惊涛骇浪。

从 19 世纪第一个十年开始，悉尼就开始了真正的城市建设，并逐渐作为羊毛出口、捕鲸船和货船的据点而繁荣起来。这一时期设计了总督官邸和圣詹姆斯教堂等多座建筑的弗朗西斯·格林威，原本是一位因犯伪造公文罪而被流放的建筑师。因其对悉尼发展的贡献，后来澳大利亚第一张纸币上使用了他的肖像。

1851 年，澳大利亚东南部相继发现金矿，"淘金热"导致人口激增。悉尼相继建造了面向劳动者的住宅，除了传统的英裔外，德国裔、意大利裔、希腊裔、犹太裔以及华裔等移民也随之增多，种族和民族日趋多元化。但 20 世纪以后，白人移民中间排斥亚裔移民的"白澳主义"（即"白澳政策"，是澳大利亚反对亚洲裔的种族主义政策的通称）思想泛滥。

1854 年，欧洲爆发的克里米亚战争战火蔓延，英国海军和俄罗斯海军也在太平洋上的堪察加半岛附近海域发生了冲突。为此，为防范俄罗斯舰队可能入侵英属澳大利亚，英军在监狱所在的平奇格特岛上修建丹尼森要塞和炮台。结果，俄罗斯海军没有来，不过，这座岛却在后来的第二次世界大战中受到了日军的攻击。

悉尼城市景观

日本海军入侵震惊市民

19世纪，澳大利亚的羊毛出口和矿业继续扩大，1901年，澳大利亚将各州政府联合在一起成立澳大利亚联邦。议会属于英国，但澳大利亚的内政自治权得到承认。此时联邦首都在选择悉尼和在"淘金热"之后快速发展的墨尔本之间发生了争议，最终决定建新都于两座城市中间的堪培拉。

1932年，连接杰克逊港南部和北部城区的海港大桥竣工。这座拱桥全长1149米、宽49米、高达57米，即使是大型船舶也能从桥下通过，它是当时世界上最长的拱桥。2000年举办的悉尼奥运会将海港大桥也纳入马拉松赛道的一部分。

直至20世纪中叶，澳大利亚、新加坡和中国都是英国在太平洋的重要据点。第二次世界大战爆发后，日军在1942年多次空袭澳大利亚北部的达尔文及布鲁姆等地。

由于悉尼港也曾供美国海军使用，同年5月，日本海军小型潜艇攻击悉尼沿岸并击沉了联军舰艇。首次遭受外国直接攻击的澳大利亚国民受到了巨大冲击。

英国要求澳大利亚协助其在北非与德军的战斗，但澳大利亚国民抵御日本入侵保家卫国的呼声高涨，并以此为契机使立法机构从英国独立出来。

因人口增长带来的地形难点

悉尼是一座同时具有美国现代化城市和19世纪欧洲城市气息的城市。最初建造港口的杰克逊湾临海地区因其岩石多而得名，19世纪后半叶，治安恶化成为贫民窟，一度因传染病流行导致人口锐减，但此后市民呼吁维护古建筑及保护街道风貌的呼声日益高涨。如今刻有自开拓时代初期以来的历史的石砌建筑和利用仓库建造的咖啡馆、餐厅受到游客青睐。

马丁广场位于办公区的中心，高楼大厦之间有一条石板人行道，聚集了在街边长椅上悠闲地吃午饭的人们和在街头的表演者等。

"二战"后的悉尼随着中产阶级的增加，享受郊外优美自然风光的休闲文化广泛地传播开来。自20世纪60年代起，悉尼东部的蓬代海滩就开始流行冲浪运动，成为全球冲浪爱好者聚集的胜地。

1973年，以独特外观而著称的悉尼歌剧院落成。通过公开招募最终采用了丹麦建筑师乌松的方案——通过分割直径相当于75米的球体使曲面叠加而成的独特设计。这一方案没有使用电脑而是通过手工设计出来的。英国女王伊丽莎白二世也出席了悉尼歌剧院的开幕仪式。

悉尼是一个天然良港，但随着人口增长，城市也面临着横跨杰克逊港被分成南北两部分这一重大问题。20世纪80年代，连接杰克逊港南北的海港大桥每小时的汽车交通量超过1.5万辆。因此，悉尼政府开凿了海港隧道并于1992年通车。

随着经济的发展，澳大利亚与邻近亚洲国家的关系日益深入，20世纪70年代，澳大利亚修订了《移民法》，废除了"白澳主义政策"。如今的悉尼已经发展为一座国际化都市，除了白人聚居的街区外，还有唐人街、越南人街、原住民街区和阿拉伯人街区，并且还零星分布有伊斯兰教教徒聚居的街区等。

> 微观世界史
> 名城篇

新加坡—Singapore

亚洲为数不多以经济实力夸胜的城市国家

  一个没有任何资源的小岛国是如何在独立50年左右就取得了被誉为"世界金融中心"这样举世瞩目的成就？

  这得益于有新加坡"建国之父"之称的强有力的政治领袖和其严格推进的城市规划。

现属国：新加坡共和国
人口：约564万人（截至2019年）

从"海岛"到"狮城"

从马来半岛南端隔着1000米宽的柔佛海峡的一座小岛就是城市国家新加坡。新加坡东西长,南北短——南北宽23千米、东西长42千米,在约720平方千米的国土上生活着多样的民族。

1990年左右,新加坡的国土面积约为625平方千米,与东京23区大致相当。但随着沿岸填海造陆的推进,如今的国土面积扩大了约15%。

根据规划,填海造陆工作将持续到2030年。尽管如此,填海造陆所需的泥沙仍依赖从东南亚各国进口,因此来自出口国的限制成为一大问题。

不只泥沙就连水也依赖进口,新加坡通过架设横跨柔佛海峡的道路和水管,从邻国马来西亚进口水和食物。天然气等能源也依赖通过管道由印度尼西亚进口。

说起新加坡,首先浮现在人们脑海中的应该是上半身是狮子,下半身是鱼这样不可思议的鱼尾狮像吧。1972年,新加坡政府观光局将其作为新加坡的象征。

据说,11世纪前后,以苏门答腊岛为中心兴盛起来的海洋国家室利佛逝王国的王子在航海中访问了这座岛,结果狮子现身,承认其对这座岛的统治。自此以后,一直流传着这座岛被称为"狮城"的传说。

另外,在此之前的马来语中也有意为"海岛"的"特玛塞克"这样的称呼。也就是说,鱼尾狮上半身代表狮城——新加坡,下半身代表海岛——特玛塞克。

作为英国的殖民地而发展起来

新加坡的英文名称 Singapura 与马来语的发音十分接近，日语中的 Singaporu 是将英语的发音用罗马字母表示的。新加坡取得快速的发展是以作为英国的殖民地为契机的。

新加坡岛原本只在菱形岛内的南部有少量领地居住居民，北部则是海盗们袭击航行于柔佛海峡船只的据点。虽然在统治苏门答腊和马来半岛的历代王朝势力之下，但并不受重视。但是以 16 世纪大航海时代为界，在西欧各国开始巩固对东南亚诸岛屿的占领以作为东西贸易中转站以后，新加坡岛开始受到了关注。

最早盯上新加坡的是英国东印度公司的托马斯·莱佛士。因为对于殖民印度的英国来说，新加坡适合作为连接印度与东亚的贸易据点。1819 年，莱佛士与当时统治马来半岛南端的柔佛王国谈判，获得了设立商馆的许可。

此举遭到了在柔佛王国具有影响力的荷兰的反对。1824 年，英国向柔佛王国支付了 18000 美元，从而确定了英国对新加坡的支配权。

其后莱佛士将新加坡作为自由贸易港对外开放，因不收取关税而逐渐发展起来，成为东南亚贸易的中心。仅仅 5 年间，新加坡人口就超过 1 万人，到了 20 世纪左右，人口达 23 万人。

日本统治后华人政权诞生

新加坡发展的原动力来自中国的移民。截至 2018 年，新加坡的人口比例为华裔 76%、马来裔 14%、印度裔 9%、其他为1%。原本这座岛上马来裔较多，之所以华裔变多是因为在英国殖民时期来自中国的外来务工人员大量涌入。

华裔工人主要在港湾从事搬运等繁重的体力劳动，其中也有进军马来西亚产的橡胶出口事业以及贸易行业从而获得巨额利润的人。对于那些梦想成功的人来说，新加坡是一个理想的务工场所，因此定居者也日益增加。定居的华裔移民被称为华人。

英国按照民族划分居住地进行统治。1941年12月，太平洋战争开始后，日本于次年2月占领新加坡。日军为统治东南亚将其作为军港使用。日本认为华裔是中国抵抗运动的资金来源，因而对其进行镇压，并优待与日本合作的马来人和印度人。这一政策一直持续到日本战败的1945年。

战争结束后，新加坡再次成为英属殖民地，1959年获得自治权成为新加坡自治州。接着议会诞生，要求独立的运动活跃起来。其中，华人成为独立运动的主要推手。

华人大致分为两个派别——在学校通过中文接受教育的"华语派"和通过英语接受教育的"英语派"。1954年，以留英律师的"英语派"李光耀为干事长的人民行动党（PAP）取得了"华语派"的支持而建党，并且自1965年新加坡从马来西亚独立至今，人民行动党一直掌握着政权。

梦幻般的新加坡市和政治治理

新加坡是一个城市国家，首都本身就是其国土，但在人民行动党执政以前一直存在新加坡市。新加坡市长翁·恩格得到华裔共产主义者的大力支持,李光耀经过激烈角逐当选为总理。

此后，因国土面积狭小而撤销新加坡市。

1957年，英国殖民地马来半岛南部的马来亚联合邦独立。1963年，以马来亚联合邦为中心成立马来西亚联邦，新加坡作为其中一员也摆脱了英国统治。

但马来西亚采用善待马来人的政策，导致与华人众多的新加坡形成对立。加之经济富裕的新加坡和贫穷的马来西亚之间的经济差距问题也日益凸显。正是在这样的背景下，作为马来西亚联邦一员的新加坡仅在两年后就从马来西亚联邦中分离出来。

1965年，41岁的李光耀建立新加坡共和国，成为首任总理。李光耀把经济发展放在第一位而非政治意识形态，一心致力于使国家富裕起来。因为他认为，对于国土面积狭小的新加坡来说，国家富裕是保持独立的唯一出路。

李光耀要求所有生活在新加坡的民族都成为新加坡人，并采取了平等对待所有民族的方针。他将马来语、中文、泰米尔语和英语四种语言作为官方用语。

1990年，李光耀辞去总理职务。2015年李光耀逝世，享年91岁。第二任总理是吴作栋，但2004年后由李光耀的长子李显龙任总理。李显龙与其父一样以政府主导经济发展为目标，同时也表现出倾听民众呼声的姿态。

经济发展与城市开发并重

如今的新加坡和殖民地时期一样是东西方贸易的主要港口，与上海、广州等中国港口竞争。新加坡港的货物吞吐量位居世界第二。樟宜国际机场作为东南亚屈指可数的枢纽机场，在世界各地开辟航线。

李光耀通过在税制方面给予外国企业优惠等政策积极吸引外资,特别是吸引证券公司等金融机构,从而发展为东南亚最大的国际金融中心。国内企业几乎都是政府系企业,由公费留学归来的精英们按照国家政策运作。

此外,因国土狭小,城市开发也由政府主导。政府推进高层公寓和共管式公寓的建设,居民大多住在楼房里。

写字楼也高层化,还有6栋达到限高280米的超高层建筑。根据2017年公布的数据,新加坡人口密度为每平方千米8000人左右(东京都6000人左右),可见人们是如何利用有限的面积来生活的。

另一方面,为确保绿化,新加坡规定了每栋楼的绿地面积,单户住宅也有义务植树。

新加坡也以为保护环境对乱扔垃圾和携带口香糖出台严

新加坡全景图

厉的处罚规定而闻名。此外，地铁网的完善、电线等埋在地下也是为了保护环境。

在这种严格的管理之下，2008年，新加坡人均GDP（国内生产总值）超过日本实现了经济上的富裕，形成了充满自然气息的现代化城市景观。

微观世界史 名城篇

上海—Shanghai

作为经济发展的旗帜迅速发展的港湾城市

上海，位于与黄河齐名的中国代表性大河长江的入海口一带，拥有货物吞吐量世界第一的上海港，是世界屈指可数的经济城市。

上海从旧租界开始发展起来，洋溢着西方的气息，拥有超过首都北京的人口。如今，它一跃为中国向海洋进军的象征。那么，如此快速成长的背后究竟有着怎样的经历呢？

现属国：中华人民共和国
人口：约2632万人（截至2019年）

从河口的小港镇发展为四大直辖市之一

上海，拥有接近东京都 3 倍的面积，是中国经济和国际贸易中心。上海与北京、天津以及重庆一同作为政府的直辖地，享受与省同规格的待遇。然而上海作为城市发展的历史，并非几百年前的事情。

"上海"这一名称最早出现于 10 世纪左右的宋代（因上海浦而得名）。作为长江与外海的交汇之地，河口南侧名为上海浦，北侧名为下海浦。当时的上海不过是一个被泥土和湿地包围的小渔村而已。

正如中国的"南船北马"所述，山地较多的北方的主要运输工具是马，河川较多的南方则是船。12 世纪，遭到女真族建立的金政权驱逐的宋朝（北宋）在南方重建宋朝（南宋）。南宋时期将衙门设在上海。除长江以外黄浦江也流入上海。上海因可以通过船运和苏州、杭州等内陆主要城市交通往来，并且还可以出外海与外国进行交易而受到关注。上海为防御小镇免受海盗的攻击而修筑了县城，不久后又吸纳下海浦作为一个港口城市发展起来。

19 世纪的清朝，企图进入亚洲的英国向中国输入了大量的鸦片，而依赖鸦片的清朝为此流失了大量的美术品和白银。1840 年，鸦片战争爆发，清政府战败被迫签订《南京条约》，上海作为英国租界开放通商口岸，从而进入国际舞台。

上海成为中国中的"外国"

上海开埠后，首先划定了外国人居留地——租界。1845 年，在县城北侧建立了英国租界后，又在包括黄浦河支流的北侧建立了美国租界。而后又在英国租界和上海县城之间又插入了一个法国租界。原本只有0.5平方千米左右的租界，在短时间内扩大到了25平方千米，甚至超过了中国人居住的县城。

那时的租界还在中方的管理之下，但由于清朝国力日益衰微，而且太平天国运动等起义相继发生导致大量难民涌入，租界以自卫为名大幅扩大了自治权。美国和英国建立了公共租界，组建了租界独立的政府机关、议会以及军队等。法国租界也获得了自治权，被隔离开的上海租界迅速演变为中国中的"西方"。

如今的外滩上建有各国的领事馆，南京路上大型商场林立，从国外进口的商品琳琅满目，电车在路面上行驶。中国最早通电信的地方也是上海。日本从1871年开始进入公共租界。如今的虹口地区的日本人街被称为"小东京"。

多数流入租界的中国人是港口的劳动者等低收入阶层，但其中也有成为上海青帮（黑帮）而发财致富的人。此时，上海作为亚洲时尚的发源地被称为"东方巴黎"。

成为中国海洋事业的基地

"二战"后，中国共产党建立的人民政权接管上海，上海租界退出历史舞台。1958年，江苏省周边地区被编入上海市，约650平方千米的上海市面积一举扩大至10倍。尽管如此，但多半仍是农村地区，只有旧租界地区发展了起来。

20世纪80年代末，根据中国的改革开放政策，上海进行了再开发，从而发生了翻天覆地的变化。

在发展中，上海利用沿海地区优势，凭借进军海洋来发展经济，成为中国扩大海洋力量的基地。

中国经济发展的龙头

1992年，中国政府以黄浦江东岸为经济特区新设了浦东新区，建成一个大规模的工商业区。2005年，在海上岛屿填海建成洋山深水港，并通过东海大桥将洋山深水港与浦东新区连接起来，使上海港成为世界上吞吐量最大的港口。

在作为贸易基地发展的同时，以金融、IT及电子商务等为中心，世界各地的企业纷纷进军上海，地铁和机场等交通基础设施也得到了完善。2010年举办上海世博会，以高达632米的东方明珠塔为代表，上海世界金融中心等高楼大厦拔地而起。上海迪士尼乐园落成，全球规模最大的星巴克咖啡开业，

世界金融中心之一的国际大都市上海

上海已经成长为世界性大都市。

在幅员辽阔的中国,上海面积仅占2%左右,但如今却创造了中国20%以上的GDP。如果把长江比作巨龙,被誉为"龙头"的上海取得了比过去租界时代更大的发展。

微观世界史 名城篇

迪拜—Dubai
建于沙漠地带的现代城市

　　作为高端度假胜地吸引游客，为吸引外资设立经济特区，短短几十年，迪拜就迅速蜕变为摩天大楼林立、最前沿的创意之都。
　　在多数中东国家，沙漠占据国土的大部分面积，国家依赖石油而发展。在这种情况下，为何迪拜推行了不依赖石油发展的改革？

现属国：阿拉伯联合酋长国（UAE）
人口：约283万人（截至2019年）

并非 UAE 的首都？！

迪拜——中东最发达的城市，其在日本也广为人知。很多人会用高楼林立和高级度假村等来描述这座城市，那么迪拜到底是国名还是城市名呢？正确答案是，迪拜既是一个国家也是一座城市。

迪拜是阿拉伯联合酋长国（UAE）成员国之一。不过，阿拉伯联合酋长国的首都不是迪拜而是阿布扎比。阿拉伯联合酋长国是由阿布扎比、迪拜、沙迦、阿治曼、富查伊拉、乌姆盖万以及哈伊马角这 7 个酋长国组成的联邦国家。阿布扎比约占国土面积的 80%，迪拜位居第二约占 10%，其余 5 个酋长国合计约占 10%。

或许会觉得不平衡，但中东自古以来就是由各部落酋长治理本地区，因此实力弱小的酋长国之间通过联手试图与大国抗衡。

阿拉伯联合酋长国就是这样在 1971 年（哈伊马角于 1972 年加入）诞生的。由国土面积最大、石油产最多的阿布扎比酋长历任阿拉伯联合酋长国总统。此外，第二大酋长国迪拜的酋长担任副总统兼总理。其余五个酋长国得到了依靠石油产量获取巨额利润的阿布扎比的援助。但阿拉伯联合酋长国仅决定外交、军事政策并统一货币等，各酋长国在君主制下各自拥有很大的自治权并且设定了边界。

所有酋长国都是直接以首都之名作为国名。但除了阿布扎比外，迪拜的面积也仅相当于茨城县的面积，所以除了首都以外再无其他城市。因此，迪拜既是一个国家的名称也是一座城市的名称。

用时 40 年成为世界最新的城市

迪拜位于阿拉伯联合酋长国东北部，与西南的阿布扎比和东北的沙迦接壤。

迪拜河位于迪拜北部，西临波斯湾并注入其中，因内陆地区是沙漠地带，河两岸原本是迪拜的中心。

迪拜酋长国成立于 19 世纪 30 年代。与阿布扎比酋长纳哈扬（Nahyān）家族一样，为避开巴尼亚斯部落的马克图姆家族的酋长宝座之争，带着族人移居阿布扎比东部并建立迪拜这个国家。

当时的迪拜只是一个拥有天然珍珠采集、渔业和放牧等产业的小镇，因此以发展为港口城市为目标致力于发展贸易。与英国签订和平协定后，迪拜在其保护下成为印度航线的主要港口。

然而 20 世纪后，日本的御木本幸吉的珍珠养殖取得成功，迪拜的珍珠产业遭受重创。

20 世纪 60 年代，迪拜发现了海底油田，但储量较少。在中东，油田可以说是财富的象征，如果是石油产出国的话可以保障富裕的生活，但没有石油的国家仍然很贫穷。因此，第八任迪拜酋长拉希德·本·赛义德·马克图姆决定在油田枯竭之前，利用油田所得收入投入城市开发。

迪拜的范本是新加坡。迪拜先是扩大建设了作为贸易据点的迪拜河口的"拉希德港"，并沿河建设了迪拜国际机场连接海空货运通道，进而还在机场附近建设"杰贝·阿里自由贸易区"，以支持国外资本和外企进驻。

1971 年，阿拉伯联合酋长国成立后，世界各地企业纷纷进驻以发展经济为目标的迪拜，外国务工人员也随之增加。从20世纪90年代开始，迪拜IT企业和金融自由贸易区也在不断扩大。

克服经济危机得以发展

迪拜的发展并非一帆风顺，特别是2009年受"雷曼危机"的影响，政府附属企业融资难导致欧洲金融机构纷纷退出迪拜。这次危机对迪拜是一次沉重的打击，但在阿布扎比的支持下，迪拜的发展并没有停滞。

迪拜临近阿布扎比的西南部是一片沙漠，却在此新设了世界上最大的人工港口"杰贝阿里港"以推动再开发。为吸引游客，还建设了从高空看起来像棕榈树形状的"朱美拉棕榈岛"和"棕榈群岛"人工岛。

东北老城由一侧六车道的"谢赫·扎伊德路"连接起来，两侧相继建成一个又一个大型购物中心和富有设计感的摩天

现在的迪拜市中心

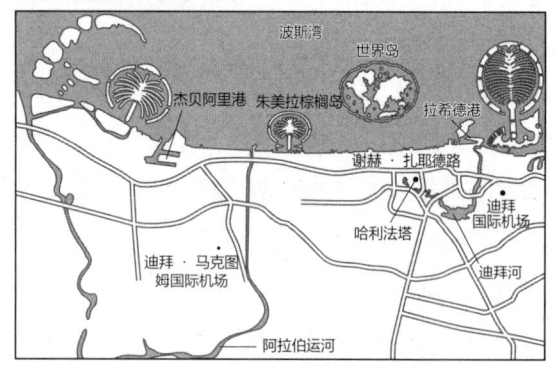

人员和货物从两座国际机场、两个国际港聚集而来

大楼。

其中最具代表性的是高 828 米的哈利法塔。Burj 在阿拉伯语中是"塔"之意。它最初以迪拜塔之名开始建造，但由于在迪拜危机中得到了阿布扎比的支持，于是将其冠以阿布扎比酋长哈利法·本·扎伊德之名。

沙漠地区特有的艰苦

迪拜正规划建设一座超过 1000 米的摩天大楼，还在以世界地图的微缩版建设的新人工岛"世界岛"上建造了一座座高级别墅，全世界的资产家和名人都争相购买。

但并非住在迪拜的都是富人。迪拜的教育和医疗费用均为免费，而且不需要交税还有住房支持。但纯粹的迪拜人仅占总人口的 10% 左右，大部分是来自东南亚及其他中东国家的外来务工人员。外来务工人员主要从事服务业和体力劳动，因此绝对算不上富裕。他们住在被称为劳动营的集体住宅中，但因受收入所限，不足以支撑家庭居住开支，所以大部分都是男性独自一人在此生活。由于伊斯兰教戒律，女性很少外出，所以在迪拜除了游客之外很难看到其她女性。

但确实是这些外来务工人员支持了迪拜的城市建设。在沙漠上建造大楼和人工岛的难度可想而知。由于建筑在沙子上不稳定，所以必须将几百根木桩一直打到坚硬的地基之中。哈利法塔是将多达 192 根粗 1.5 米的木桩打入地下 50 米，并用混凝土夯实地基使其得以稳固。

白沙滩海滩也非自然形成，而是人们从海底捞起岩石和沙子，将岩石堆积起来以后再用沙子覆盖于其上而形成。为了防止海滩上的沙子被海浪冲走，又将其周围用岩石覆盖，并淡化海水修建公园。

正是在地下和海底这样看不见的地方下功夫，才造就了迪拜美丽的景观。说到人造景观给人的印象往往是不环保的，但人工岛的建设使海滩岩石上鱼类得以栖息，以及公园里绿化的增加等反而对环境保护做出了贡献。

之所以能够实现这样的城市建设，正是因为有外国务工人员做劳动力，并且拥有强有力且具前瞻性和领导力的酋长所决定的。

主要参考文献

[1]《世界城市地图500年》杰里米·布莱克著，野中邦子·高桥早苗译（河出书房新社）。

[2]《城市的起源》P.D.史密斯著，中岛由华译（河出书房新社）。

[3]《世界城市规划史》日端康雄（讲谈社现代新书）。

[4]《全球城市史》乔尔·科特金著，庭田洋子译（日本武田随机屋）。

[5]《巴比伦》J.G.麦基恩著，岩永博译（法政大学出版局）。

[6]《巴比伦城市民生活》S.达里著，大津忠彦、下釜和也译（同成社）。

[7]《世界史册3：尼布甲尼撒二世》山田重郎（山川出版社）。

[8]《物语 耶路撒冷史》笈川博一（中公新书）。

[9]《空白的犹太史》秦刚平（京都大学学术出版会）。

[10]《世界都市物语 耶路撒冷》高桥正男（文艺春秋）。

[11]《圣都耶路撒冷》关谷定夫（东洋书林）。

[12]《图说古希腊生活》高田纯夫、斋藤贵弘、竹内一博（河出书房新社）。

[13]《雅典遗迹的过去与现在》Niki Drosou-Panagiotou 著，西岛雅代译（PAPADIMAS DIM.Reg'tCo.）。

[14]《希腊历史 5 希腊与罗马》樱井万里子·本村绫二（中央公论社）。

[15]《从新王国时代到托勒密时代》山花京子（庆应义塾大学出版会）。

[16]《学术都市亚历山大》野町启（讲谈社学术文库）。

[17]《知识的灯塔 古代亚历山大图书馆物语》德雷克·弗劳尔著，柴田和雄译（柏书房）。

[18]《世界历史 18 拉丁美洲文明之兴亡》高桥均、网野彻哉（中央公论社）。

[19]《古代中美洲文明》青山和夫（讲谈社）。

[20]《图说罗马——"永恒之都"都市与建筑 2000 年》河边泰宏（河出书房新社）。

[21]《古罗马人的生活图鉴》新保良明监修（宝岛社）。

[22]《伊斯坦布尔三面帝都》约翰·弗里里著，长绳忠译 铃木董监修（NTT 出版）。

[23]《宽容之都 康斯坦丁堡与伊斯坦布尔》野中慧子（春秋社）。

[24]《拜占庭建筑之谜 世界遗产之下的都市防卫功能》武野纯一（日刊工业新闻社）。

[25]《长安都市计划》妹尾达彦（讲谈社选书 Metchi）。

[26]《中国各城市发展经历与现状》米仓二郎监修，陈桥驿编著，马安东译（大明堂）。

[27]《长安·洛阳物语》松浦友久·植木久行（集英社）。

[28]《伊斯兰网络 由阿拔斯王朝连接的世界》宫崎正胜（讲谈社书目）。

[29]《世界兴亡史 伊斯兰帝国圣战》小杉泰（讲谈社学术文库）。

[30]《图说世界建筑史6 伊斯兰建筑》约翰.D.霍格著，山田幸正译（书友社）。

[31]《帖木儿帝国》川口琢司（讲谈社书目）。

[32]《世界史15 历史成熟的伊斯兰教社会》永田雄三、羽田正（中央公论社）。

[33]《世界史册16 伊斯兰教的城市世界》三浦彻（山川出版社）。

[34]《世界史13 东南亚的传统与发展》生田滋、石泽良昭（中央公论社）。

[35]《世界兴亡史 通商国家迦太基》栗田伸子、佐藤育子（讲谈社）。

[36]《了解突尼斯必读60章》鹰木惠子编辑（明石书店）。

[37]《北京城市记忆》春名彻（岩波新书）。

[38]《北京皇城的历史与空间》仓泽进、李国庆（中公新书）。

[39]《漫步马六甲槟城世界遗产》石崎千惠、丹保美纪（钻石社）。

[40]《了解柬埔寨必读60章》上田广美、冈田知子（明石书店）。

[41]《世界都市物语 莫斯科》木村浩（文艺春秋）。

[42]《新版俄罗斯事典》川端香男里、佐藤经明、中村喜

和、和田春树、盐川伸明、栖原学、沼野充义（平凡社）。

[43]《图说俄罗斯历史 增补新装版》栗生泽猛夫（河出书房新社）。

[44]《圣彼得堡》小町文雄（中公新书）。

[45]《伊朗历史物语》宫田律（中公新书）。

[46]《NHK特别出品：亚洲古都物语——伊斯法罕》NHK"亚洲古都物语"策编（NHK出版）。

[47]《威尼斯》威廉·H.麦克尼尔著，清水广一郎译（讲谈社学术文库）。

[48]《漫步历史：图说威尼斯"水都"》卢卡·科尔费莱著，中山悦子译（河出书房新社）。

[49]《多重都市德里》荒松雄（中公新书）。

[50]《世界史册 莫卧儿帝国时代的印度社会》小名康之（出川出版社）。

[51]《巴黎史 新版》伊凡·康博著，小林茂译（"我知道什么"文库）。

[52]《中世巴黎生活史》西蒙娜·卢著，杉崎泰一郎监修吉田春美译。

[53]《巴黎名建筑之旅》中岛智章（河出书房新社）。

[54]《荷兰历史物语》樱田美津夫（中公新书）。

[55]《图说荷兰历史》佐藤弘幸（河出书房新社）。

[56]《英国历史物语（上、下）》君冢直隆（中公新书）。

[57]《图说伦敦城市与建筑史》渡边研司（河出书房新社）。

[58]《纽约世界都市物语》猿谷要（文春文库）。

[59]《图说纽约都市物语》贺川洋著，桑子学摄影（河出书房新社）。

[60]《近代维也纳城》田口晃（岩波新书）。

[61]《维也纳"局外人"创造的城市》上田浩二（筑摩新书）。

[62]《图说维也纳历史》增谷英树（河出书房新社）。

[63]《新版拉丁美洲事典》恒川惠市、大贯良夫、落合一泰、国本伊代、松下洋、福岛正德监修（平凡社）。

[64]《巴西史》鲍里斯·法宇史托著，铃木茂译（明石书店）。

[65]《里约热内卢历史游记》内藤阳介（埃尼西书房）。

[66]《图说巴西史》金七纪男（河出书房新社）。

[67]《新版大洋洲事典》小林泉、加藤惠、石川荣吉、越智道雄、百百佑利子监修（平凡社）。

[68]《澳大利亚历史物语》竹田义美（中公新书）。

[69]《新加坡历史物语》岩崎育夫（中公新书）。

[70]《了解新加坡必读65章》田村庆子（明石书店）。

[71]《上海多国籍都市百年历史》朴本泰子（中公新书）。

[72]《上海史：大型都市的形成与人们的生活》高桥孝助、古马忠夫编（东方书店）

[73]《了解阿拉伯联合酋长国（UAE）必读60章》细井永（明石书店）。

[74]《迪拜城的建设》佐野阳子（庆应义塾大学出版会）。

[75]《山川：详说世界史图录（第2版）》木村靖二、岸本美绪、小松久男监修（山川出版社）。

[76]《详说世界史B（修订版）》木村靖二、岸本美绪、小松久男（山川出版社）。